Singapur

Mischa Loose · Anne Dehne

▶ ▪ ▪ ▪ ▪ ▪
Diese Symbole im Buch verweisen auf den großen Cityplan!

Selamat datang – Willkommen

Unser heimliches Wahrzeichen	4
Erste Orientierung	6
Schlaglichter und Impressionen	8
Geschichte, Gegenwart, Zukunft	14
Reiseinfos von A bis Z	16

15 x Singapur direkt erleben

1 | Wo alles begann – beiderseits des Singapore River   28
Ein Spaziergang entlang der traditionellen Lebensader Singapurs
verschafft einen guten Überblick über die Stadt.

2 | Schmelztiegel der Kulturen – die Völkerkundemuseen   32
Zwei der besten Museen Singapurs widmen sich der multikulturellen
Bevölkerung Südostasiens.

3 | Das wiederentdeckte Herz der Stadt – Chinatown   35
Die schmalen Gassen der Altstadt beherbergen neben Tempeln,
Geschäften und Restaurants auch ein informatives Kulturzentrum.

4 | Spiegel einer Stadt im Wandel – die Singapore City Gallery   39
Die außerordentlichen Ausmaße und die Effektivität der Stadtplanung
interaktiv und anschaulich präsentiert.

5 | Auf den Spuren alter Herrscher – der Fort Canning Park   41
Die Grünfläche ist sowohl Ruhestätte der alten malaiischen Sultane
als auch der ersten westlichen Siedler.

6 | Abtauchen in die Geschichte – das National Museum   43
Ein multimedialer Rundgang durch die bewegte Historie der Stadt.

7 | Wo Singapurer am liebsten shoppen – die Orchard Road   45
Einkaufen ist ein integraler Bestandteil des Singapurer Lebensstils
und nirgendwo schöner als in der Orchard Road.

8 | Saris, Currys, Muezzins und Mantras – Little India   49
Farben, Gerüche und Geräusche entführen den Besucher nach Indien.

9 | Ein malaiisches Dorf in der Metropole – Kampong Glam   53
Auf Entdeckungstour im traditionellen Viertel der muslimischen Malaien.

10 | Das neue Singapur – rund um die Marina Bay   55
Das neue chromglänzende Stadtviertel überrascht mit mehr als Luxus:
Es bietet Kultur, Natur und nachhaltige Architektur.

11 | Eine Insel nur zum Vergnügen – Sentosa Island   59
Perfektes Ausflugsziel: Freizeitparks, Strände, Kasino und Restaurants.

12 | **Tropische Natur im Zentrum – die Southern Ridges** 63
Wandern mit einem wunderbaren Ausblick auf die Skyline der Stadt

13 | **Ein Dschungel im Stadtstaat – Bukit Timah Nature Reserve** 66
Singapur ist die einzige asiatische Großstadt, die mit einem
Primärwald im Stadtgebiet aufwarten kann.

14 | **Tierische Städter – der Singapore Zoo und die Night Safari** 68
Zwei moderne, weitläufige Tierparks, die mit besonderen Erlebnissen
wie einem gigantischen Freigehege für Orang-Utans überraschen.

15 | **Zwielichtiges Singapur – Geylang und Katong** 70
Im Osten der Innenstadt zeigt sich die saubere Metropole von einer
ursprünglicheren und raueren Seite.

Noch mehr Singapur 72
Gebäude 72   Museen 75   Parks und Gärten 77
Interessante Gegenden zum Schlemmen, Shoppen, Ausgehen 80

Ausflüge 82
Pulau Ubin 82   Kusu Island und St. John's Island 83

Zu Gast in Singapur

Übernachten 86
Günstig und nett 87   Stilvoll wohnen 88
Essen und Trinken 90
Cafés und Teestuben 91   Food Centres und Food Courts 92
Gourmet-Lokale 93   Gut und günstig 93   Szene und Ambiente 94
Typisch Singapur 95   Vegetarisch 97
Einkaufen 98
Antiquitäten und Kunst 99   Bücher und CDs 99   Delikatessen und
Lebensmittel 100   Floh- und Straßenmärkte 100   Geschenke, Design
und Kurioses 101   Mode 102   Schmuck 102   Traditionsgeschäfte 103
Ausgehen – abends und nachts 104
Bars und Kneipen 105   Clubs 108   Kino 109   Konzerte, Theater und
Oper 109   Live-Musik 110   Schwul und Lesbisch 111

Sprachführer 112
Kulinarisches Lexikon 114
Register 116
Autor, Abbildungsnachweis, Impressum 120

Selamat datang – Willkommen
Unser heimliches Wahrzeichen

Überlebensgroß steht Sir Stamford Raffles am Ufer des Singapore River, wo er zum ersten Mal den Boden der Insel betreten haben soll. Unerschütterlich blickt er von seinem Sockel hinab auf sein Erbe. Als Staatsmann legte er die Basis für die kolonialen Verwaltungsbauten. Als Wissenschaftler und Forscher hinterließ er den Museen und Bibliotheken einmalige Werke. Kaum eine andere Persönlichkeit des britischen Empires wird heute noch so verehrt und ist so eng mit der Entwicklung von Singapur verknüpft. Was würde er wohl zum glänzend-modernen Singapur in seinem Rücken sagen?

Erste Orientierung

Vom exzellent an das Verkehrsnetz angebundenen Changi Airport im Osten der Insel erreichen Sie schnell mit der MRT, Taxis und Bussen das Zentrum der geschäftigen asiatischen Metropole.

Am Singapore River

Am 4 km langen Singapore River liegen die Ursprünge der Stadt. Heute ist der Fluss selbst allerdings von untergeordneter Bedeutung. Die Hochhäuser des **Financial District** (▶ E 9) nehmen einen schmalen Streifen südlich der Flussmündung ein. Sie überragen die winzig wirkenden Kolonialbauten am Flussufer und stehen für die neue Rolle Singapurs als das Finanzzentrum Südostasiens.

Die herausgeputzten Amüsierzentren am **Boat Quay**, **Clarke Quay** und **Robertson Quay** (▶ B–E 8), die sich an die Biegung des Flusses schmiegen, erstrecken sich von den Wolkenkratzern des Financial District bis zur Saiboo Street.

Das koloniale Singapur

Zwischen Bras Basah Road und dem Singapore River liegt das **Kolonialviertel** (▶ D/E 7/8) mit einigen sehr schön restaurierten Säulenbauten. Die große Rasenfläche des **Padang**, früher Sportfeld, Treffpunkt und gesellschaftliches Epizentrum der Kolonie, säumen stattliche viktorianische Repräsentativbauten. Sie dienen heutzutage als Kulturzentren und Museen oder Verwaltungsgebäude der Regierung. Ein wenig landeinwärts liegen zwischen Hochhäusern und Hotelblocks mehrere alte Kirchen und das ehemalige Chijmes-Kloster, die alle prächtig restauriert wurden. Im Nordosten überschattet das Swissôtel The Stamford – mit 73 Stockwerken eines der höchsten Hotels in Asien – das ehrwürdige Raffles Hotel. Das Kolonialviertel wird im Westen vom **Fort Canning Park** (▶ D 7) begrenzt, der einige der ältesten Relikte aus der Geschichte Singapurs beherbergt.

Chinatown (▶ E 9)

Südwestlich des Financial District bietet die Gegend zwischen New Bridge Road und Cecil Street ein Bild der Kontraste: Während an den mehrspurigen Durchgangsstraßen klotzige Einkaufszentren und Wohnblocks vorherrschen, sind in den Seitenstraßen viele alte Ladenhäuser aufwendig hergerichtet worden. Die Gegend um **Ann Siang Hill** und **Club Street** ist mit kleinen Edel-Restaurants und Bars, Designerläden und Spas eine trendige Ausgehmeile geworden.

Shoppingmeile Orchard Road

Die wichtigste Verkehrsachse der Stadt verläuft von Nordwesten nach Südosten. Die **Orchard Road** (▶ A–D 5/6) ist die Fifth Avenue Singapurs – Einkaufs- und Flaniermeile par excellence. Sie ist aber auch ein beliebtes Restaurant- und Ausgehviertel. Die Luxusapartments in den Seitenstraßen zählen zu den teuersten Adressen der Stadt. Besucher genießen in den zahlreichen Einkaufszentren das Flair dieser Gegend.

Little India (▶ E/F 4/5)

Das kleine Viertel erstreckt sich nach Norden entlang der **Serangoon Road** bis zur **Lavender Street** und dehnt sich über einige Seitenstraßen nach Westen und Osten aus. Mit seinen Hindu-Tempeln und Moscheen, Curry-Restaurants und zahllosen Läden für Gold-

Erste Orientierung

Chinatown – das bunte, wiederentdeckte Herz der Stadt

schmuck und Saris ist das Viertel der Brennpunkt indischer Kultur und indischen Lebens in Singapur. Hier können Sie in die Aromen, Farben und Melodien des Subkontinents eintauchen.

Kampong Glam (▶ F 6)
Nordöstlich von der MRT Bugis gruppieren sich viele restaurierte alte Häuser um die weithin sichtbare **Sultan-Moschee**. Die Gegend ist seit den Gründerjahren das traditionelle Viertel der Muslime. Besonders die Geschäfte und Restaurants in der **Arab Street** und **Bussorah Street** ziehen viele Touristen an.

Marina Bay
Östlich des Kolonialviertels erstrecken sich die durch Landaufschüttung neu hinzugewonnenen Viertel **Marina South** (▶ F 9) und **Marina Centre** (▶ F 7/8). Sie wurden in den letzten 25 Jahren sukzessive bebaut. Eines der spektakulärsten Gebäude der Stadt ist das gigantische Marina Bay Sands mit Kasino und riesigem Einkaufszentrum. Dahinter erstrecken sich die neuen **Gardens by the Bay.** Jenseits der Bucht erhebt sich das große Riesenrad **Singapore Flyer** (▶ G 8) Zudem fallen die beiden stachligen Kuppeldächer des Kulturzentrums **Esplanade Theatres on the Bay** ins Auge. Weiter nördlich gruppieren sich Luxushotels sowie das Messe- und Einkaufszentrum **Suntec City** (▶ F 7).

Außerhalb (▶ Karte 3)
Das Gros der Singapurer wohnt außerhalb der Innenstadt, einige in älteren Vororten, die meisten in den zahlreichen, über die ganze Insel verteilten Trabantenstädten. Für Besucher von Interesse ist das kleine, edle Ausgehviertel **Holland Village** westlich der Orchard Road und die etwas zwielichtigen Vororte **Geylang Serai** und **Katong** an der Ostküste.

Erholung von der Großstadt versprechen an der Westküste die grüne Lunge der **Southern Ridges** und die Vergnügungsinsel **Sentosa Island**. Das **Bukit Timah Nature Reserve** im Zentrum der Insel wartet mit tropischem Primärdschungel auf. Unterwegs zum weiter außerhalb gelegenen **Singapore Zoo** passiert die MRT einige der größten Trabantenstädte wie Clementi, Jurong oder Toa Payoh.

Schlaglichter und Impressionen

Singapore – A Fine City

Die einst beliebten T-Shirts mit dem Wortspiel (*fine* bedeutet sowohl »wunderbar« als auch »Geldbuße«) sind nicht mehr so häufig zu sehen. Heutzutage gibt sich Singapur in dieser Hinsicht lockerer. Kratzt man jedoch ein wenig an der Oberfläche, kommt eine noch immer stark reglementierte Gesellschaft zum Vorschein. Die Liste der mit Geldstrafen belegten Vergehen ist lang, einige davon grenzen für Bürger westlicher Demokratien ans Absurde: Vergessen Sie etwa in einer öffentlichen Toilette die Spülung zu betätigen, kostet das bis zu S$150! Ähnliche Strafen werden für Kaugummikauen, Spucken in der Öffentlichkeit und *jaywalking* (die Straße abseits der Fußgängerübergänge überqueren) verhängt.

Die Abschreckungskampagnen und drakonischen Strafen erscheinen einerseits stark überzogen, andererseits sind die Vorteile der strikten Gesetzgebung nicht zu unterschätzen: Für eine dermaßen dicht bevölkerte Metropole mit Menschen unterschiedlicher Herkunft und Religionen – und damit sehr großem Spannungspotenzial – ist Singapur außerordentlich sicher. Besucher, egal ob Frauen oder Männer, können sich tagsüber und nachts überall ohne Angst bewegen.

Stadt des sozialen Wohnungsbaus

Eines der dringlichsten Anliegen der ersten Regierung von Singapur nach der Abspaltung von Malaysia 1959 war, die Bevölkerung auf der zur Verfügung stehenden, begrenzten Fläche mit zeitgemäßem erschwinglichem und zugleich sicherem Wohnraum zu versorgen. Dafür wurde das Housing & Development Board (HDB) ins Leben gerufen. In den folgenden Jahrzehnten mussten Tausende von traditionellen zweistöckigen Geschäftshäusern gigantischen Siedlungen mit neuen, funktionalen Wohn- und Apartmentblocks weichen. In diesen Blocks leben oft mehr als 500 Menschen. Sie sind umgeben von Parks, Spielplätzen, Sportanlagen, Gemeinschaftshäusern und Geschäften.

Für eine asiatische Metropole bieten die HDB-Wohnungen eine hohe Lebensqualität. So überrascht es nicht, dass heutzutage 85 % der Einwohner des Inselstaats in solchen Blocks wohnen und 90 % davon Eigentümer ihrer Wohnungen sind. Allerdings sind die Preise derart gestiegen, dass sich junge Leute kaum noch eine eigene Wohnung leisten können.

Dienstbare Geister

Etwa 4 Mio. Gastarbeiter leben und arbeiten im Inselstaat. Neben Bauarbeitern aus Indien und Bangladesch und Servicekräften aus China stellen Hausmädchen v. a. von den Philippinen, aus Indonesien und Sri Lanka die größte Gruppe. Diese ›maids‹ leben im Haus und übernehmen oft nicht nur die Hausarbeit, sondern auch einen Großteil der Erziehung der Kinder und Pflege der Alten. Dafür verdienen sie normalerweise S$450–600 im Monat. Da im Normalfall beide Elternteile voll erwerbstätig sind und erst spät abends nach Hause kommen, sind die Hausmädchen tragende Säulen des sozialen Systems. Immer wieder berichtet die Presse über gewalttätige oder sexuelle

Schlaglichter und Impressionen

Übergriffe auf Hausangestellte, die ihren Arbeitgebern häufig hilflos ausgeliefert sind und manchmal wie Leibeigene behandelt werden. Auch kam es wiederholt zu Selbstmorden. Es gibt aber auch einheimische Familien, die ihre ›maid‹ in den Familienverbund integrieren, gemeinsam mit ihr essen und sich um ihre in der Heimat verbliebene Familie kümmern. Für die armen Nachbarländer sind die regelmäßigen Geldsendungen der Gastarbeiter von großer ökonomischer Bedeutung.

Der Hafen

Singapur besitzt die modernsten und geschäftigsten Hafenanlagen weltweit, die sich auf über 30 km Länge die Küste entlangziehen. Rund ein Fünftel aller Container, die auf internationalen Routen unterwegs sind, durchlaufen die vollautomatisierten Terminals der Port Authority, und nirgendwo sonst werden jährlich so viele Tonnen an Waren verschifft. Allein der vom Singapore Flyer aus erkennbare Tanjong Pagar Container Terminal hat 27 Kräne auf 2320 m Pierlänge, ganz zu schweigen vom deutlich größeren Keppel Harbour direkt dahinter.

Der Financial District

Singapur ist zu einem der größten Finanzzentren der Welt aufgestiegen. Nirgendwo zeigt sich diese rasante Entwicklung stärker als in den himmelstürmenden Wolkenkratzern südlich der Mündung des Singapore River. Der im Epizentrum liegende **Raffles Place** war schon zu Kolonialzeiten eine repräsentative Geschäftsadresse. Hoch aufragende stahlgraue Fassaden umringen den langgestreckten Platz und stellen ihn schon am frühen Nachmittag in den Schatten. Die restaurierten alten Lagerhäuser am Boat Quay (s. S. 80) sehen vor dieser Kulisse wie winzige Spielzeughäuschen aus.

Superlative

Der Stadtstaat ist nach London, New York und Hongkong das wichtigste Fi-

Der Hafen von Singapur – eine der Quellen des Wohlstands im Stadtstaat

Schlaglichter und Impressionen

nanzzentrum der Welt und überflügelt sogar Tokio und Schanghai. Singapur ist die offenste Volkswirtschaft der Welt. Das jährlich im Inselstaat umgesetzte Handelsvolumen ist über viermal höher als das Bruttoinlandsprodukt. Singapurs Pro-Kopf-Einkommen (nach Kaufkraft) ist neben dem Öl-Emirat Katar das höchste in ganz Asien, das dritthöchste weltweit und liegt gut 50 % über dem deutschen Vergleichswert.

Für jeden das passende Geschenk

In Singapur ist es üblich, vor dem Betreten einer Wohnung die Schuhe auszuziehen. Traditionell werden Geschenke immer erst geöffnet, nachdem die Gäste gegangen sind.

Chinesische Gastgeber freuen sich immer über etwas zu essen, z. B. Süßigkeiten oder Obst. Ein Sprichwort besagt: »Glück kommt immer als Zwilling«. Geben Sie Ihre Geschenke also in Paaren. Glückbringende Farben sind Rot, Rosa, Orange, Gelb und Gold. Traditionell macht man Blumengeschenke nur bei Krankheit oder Tod. Bei einer Hochzeit, zu der üblicherweise 200 und mehr Gäste geladen werden, schenkt man Geld. Schöne, neue Banknoten (immer paarweise!) in einem roten Umschlag (hong bao = rotes Päckchen) mit den Schriftzeichen für »Doppeltes Glück« (shuangxi). Der Betrag sollte mindestens die Kosten des Hochzeitsbanketts für Sie und Ihren Partner decken. Keine Panik, wenn bei einem großen Dinner die Ersten schon den Saal verlassen, während Sie noch essen – für alle, die ihr Essen bereits verzehrt haben, ist die Veranstaltung beendet.

Indischen Gastgebern können Sie Blumen (aber niemals Frangipani-Begräbnisblumen!), Süßigkeiten oder eine Kleinigkeit für die Kinder mitbringen. Geld ist als Hochzeitsgeschenk ebenfalls angebracht. Jedoch muss es hier ein ungerader Betrag sein. Eine gerade Summe plus eins gilt als glückbringend (z. B. S$ 41 oder S$ 101). Die Farben Schwarz und Weiß werden wie bei den Chinesen mit Tod und Trauer assoziiert.

Malaiischen Gastgebern sind als Gastgeschenke Lebensmittel oder Süßigkeiten, Dekoratives oder etwas für

Rot gilt unter Chinesen als glückbringende Farbe

Schlaglichter und Impressionen

den Haushalt willkommen. Hierbei sind traditionelle und religiöse Tabus des Islam zu beachten: Nicht akzeptabel sind Schweinefleisch bzw. Lebensmittel, die solches enthalten, ferner Alkohol und alkoholhaltige Parfüms, Aschenbecher, Messer und alles, was mit Hunden zu tun hat.

Wortlos kommunizieren

Im gesellschaftlichen Verkehr bestehen zwischen Europa und Singapur einige bedeutende Unterschiede, die beachtet werden sollten, wenn man soziale Fettnäpfchen vermeiden möchte.

Es gilt als ausgesprochen unhöflich, mit dem Finger auf eine Person zu zeigen oder jemanden mit ausgestreckter Hand zu sich zu winken. Zum **Heranwinken** Handfläche nach unten halten und vier Finger auf und ab bewegen.

Bei Chinesen ist das **Händeschütteln** zwischen Männern und Frauen üblich, bei traditionell denkenden Indern und Malaien hingegen nicht. Am besten ist es, bei der Vorstellung nur zu lächeln und zu nicken. Gibt man doch die Hand, wird sie nicht geschüttelt, sondern nur leicht berührt und etwas länger gehalten als bei uns üblich.

Direkter **Augenkontakt** wird leicht als aggressiv und respektlos betrachtet. Bewerten Sie es also nicht negativ, wenn Ihnen ein Singapurer nicht gleich in die Augen schaut. Ein Lächeln entspannt jede Situation.

Der **Kopf** gilt Muslimen, Hindus und Buddhisten als Sitz intellektueller und spiritueller Kräfte. Streichen Sie Erwachsenen nie über den Kopf. Bei Kindern ist ein Tätscheln der Wange hingegen akzeptabel.

Kleider machen Leute

Für abends gilt die Faustregel: Überall, wo Leute abends draußen sitzen (Food Centres und kleine Esslokale ebenso

Stadtwappen Singapur

wie Restaurants und Pubs von Boat Quay, Clarke Quay, Peranakan Place) gibt es keinen Dresscode. In teuren Hotels, Restaurants, Bars und angesagten Clubs tragen die Gäste gepflegte Kleidung und geschlossene Schuhe. Zerknitterte oder gar verschwitzte Freizeit- und Sportkleidung und Badelatschen *(slippers)* sind ein großer Fauxpas. Leuten aus dem Westen werden solche Sünden zwar nachgesehen, aber Eindruck schinden Sie damit sicher nicht.

Löffel und Gabel, Stäbchen oder…?

Chinesisches Essen wird mit Stäbchen *(chopsticks)* gegessen. Ansonsten werden in Singapur Löffel und Gabel benutzt und das Essen mit dem in der rechten Hand gehaltenen Löffel zum Mund geführt. In vielen indischen und malaiischen Haushalten isst man mit der rechten Hand. Die linke Hand darf auf keinen Fall mit dem Essen in Berührung kommen, denn sie wird auf der Toilette zum Waschen benutzt.

Zu Besuch in Moscheen und Tempeln

Sowohl in Tempeln als auch Moscheen ist es üblich, vor dem Betreten die Schuhe auszuziehen. Von Männern und besonders von Frauen wird dezente Kleidung erwartet, d. h. bedeckte Arme und

Schlaglichter und Impressionen

Beine (bis zu den Knöcheln). In Moscheen und Sikh-Tempeln sollte vor allem bei Frauen auch der Kopf bedeckt sein. In chinesischen Tempeln hingegen nimmt man die Kopfbedeckung ab. Zur Hauptgebetshalle einer Moschee haben nur (männliche) Muslime Zutritt. Nichtgläubige können Moscheen außerhalb der Gebetszeiten betreten (am besten zwischen 9 und 12 Uhr morgens). Menstruierende Frauen gelten nach islamischem und hinduistischem Glauben als unrein – in dieser Zeit wird von ihnen erwartet, dass sie Moscheen und Tempeln fernbleiben.

Singapurer Preise

Wer mag, kann in Singapur im Luxus schwelgen und mühelos seine gesamte Erbschaft verprassen, aber man kann auch für erstaunlich wenig Geld viel Spaß haben. Ist Alkohol im Spiel, wird es teurer, denn der wird in Singapur hoch besteuert.

Mit folgenden Kosten pro Person müssen Sie bei einem Besuchstag ohne Übernachtung in etwa rechnen:

Frühstück im Coffeeshop: S$ 5
MRT ezlink card (Sammelkarte): S$ 15
Eintritt ins Museum: S$ 10
Mittagessen im Food Centre: S$ 7
Softdrinks: S$ 2–3
Abendessen: S$ 15–30
Ein Bier im Restaurant: S$ 8–15
Eintritt zum Club: S$ 25–30
Ein Getränk im Club: S$ 15–25

Wer bin ich?

Die Visitenkarte gilt als das ›Gesicht‹ des Gesprächspartners. Ihr Austausch spielt bei geschäftlichen Begegnungen eine wichtige Rolle. Überreichen Sie Ihre Karte zu Beginn des Gesprächs mit beiden Händen, sodass der Gesprächspartner den Namen gleich bei der Übergabe lesen kann. Lassen Sie die Visitenkarte während des Gesprächs auf dem Tisch liegen und machen Sie auf keinen Fall irgendwelche Notizen oder Ergänzungen darauf.

Wo bin ich?

In Singapur wird das Erdgeschoss als erster Stock mitgezählt. Ein Geschäft

Singapur ist ein dicht besiedelter, multikultureller Schmelztiegel

Schlaglichter und Impressionen

Daten und Fakten

Lage: Die Insel Singapur liegt 137 km nördlich des Äquators am südlichen Zipfel der malaysischen Halbinsel und bildet damit den südlichsten Punkt des euro-asiatischen Kontinents.

Größe: Die Hauptinsel misst von Ost nach West 43 km und von Nord nach Süd 23 km. Der Stadtstaat umfasst zudem 62 kleinere Inseln. Durch Landgewinnung wird die Fläche ständig vergrößert. 2011 betrug sie 714,3 km² (Berlin 892 km²), bis 2030 soll sie auf knapp 800 km² anwachsen. Die Küstenlinie beträgt rund 150 km. Etwa 50 % der Fläche sind bebaut, die andere Hälfte wird von Parks, Wäldern, Plantagen und militärischen Sperrgebieten eingenommen. Der größte Teil der Insel liegt weniger als 15 m über dem Meeresspiegel, die höchste Erhebung ist der Bukit Timah mit 163,4 m.

Staat und Verwaltung: Singapur ist eine parlamentarische Republik nach britischem Vorbild mit einem Präsidenten als Staatsoberhaupt (Tony Tan Keng Yam) und einem Premierminister (Lee Hsieng Loong) an der Spitze der Regierung. Die Legislative liegt beim Einkammerparlament (87 gewählte Abgeordnete). Die führende PAP (People's Action Party) stellt seit 1959 die Regierung allein.

Bevölkerung: Singapur ist eines der am dichtesten besiedelten Länder der Erde. Auf jeden Quadratkilometer Fläche kommen 7257 Einwohner (Berlin 3927 pro km²). Von den 5,8 Mio. Einwohnern sind 3,6 Mio. Staatsbürger von Singapur, gut 500 000 dauerhaft ansässige Ausländer und 1,4 Mio. Gastarbeiter. 74 % der Staatsbürger sind Chinesen, 14 % Malaien, 9 % Inder, der Rest wird anderen Gruppen zugeordnet (Asiaten und Eurasier).

Religion: In Singapur gibt es Anhänger aller großen Weltreligionen, darunter 33 % Buddhisten, 18 % Christen, 15 % Muslime, 11 % Taoisten und 5 % Hindus.

mit der Adresse #01-34 in einem Shoppingcenter befindet sich im Erdgeschoss und hat die Türnummer 34.

Die Privatadresse 145 Miller Road, Block 5, #09-17, bedeutet: die Wohnung liegt im Häuserblock 5 der Miller Road Nr. 145, im 9. (bei uns 8.) Stock und hat die Wohnungsnummer 17. In diesem Buch werden Adressen nach der Singapurer Zählung angegeben.

Singapore Sling

Der klassische Cocktail aus Gin, Bénédictine, Kirschlikör, Grenadine, Triple Sec, frischem Ananassaft und anderen Zutaten wurde von einem chinesischstämmigen Barmann in der Long Bar des Raffles Hotels ersonnen und stieg schnell zum Lieblingsgetränk der Damen der kolonialen Oberschicht des frühen 20. Jh. auf. Der leicht klebrig-süße Drink ist allerdings nicht jedermanns Sache.

Toiletten

In allen Einkaufszentren und öffentlichen Einrichtungen finden Sie kostenlose, saubere Toiletten im westlichen Stil. Die Restroom Association (www.toilet.org.sg) vergibt sogar 3–5 Sterne für die besten Toiletten.

Trinkgeld

Es ist in Singapur nicht üblich, Trinkgeld zu geben. Im Flughafen ist es sogar offiziell verboten!

Geschichte, Gegenwart, Zukunft

Von den Anfängen bis zur Kolonialzeit

Singapur wurde erstmals um 300 n. Chr. in Aufzeichnungen chinesischer Seefahrer als P'u Luo Chung erwähnt. In den Malaiischen Annalen (»Sejarah Melayu«) aus dem 14. Jh. taucht eine Siedlung auf der Insel namens Singha Pura (»Löwenstadt«) auf. Damals herrschte Iskandar Shah, der Prinz von Palembang, über Singapur. Später lebten v. a. Piraten und Fischer auf der Insel.

Die britische Kolonialzeit

Nachdem Holland in Folge der Napoleonischen Kriege auch in Südostasien deutlich an Einfluss eingebüßt hatte, versuchte Großbritannien, sich in den vormals niederländisch kontrollierten Gewürzhandel einzuschalten. Zu diesem Zweck begründete der Brite Sir Stamford Raffles 1819 in Singapur einen Handelsposten. Nur sieben Jahre später wurde die Insel zusammen mit Penang und Melaka zu den Straits Settlements, die nicht den malaiischen Sultanen, sondern der zentralen britischen Kolonialverwaltung in Kalkutta unterstanden. Im Laufe des 19. Jh. gewann Singapur als Exporthafen und Warenumschlagplatz an Bedeutung. Zu dieser Zeit kamen massenhaft chinesische Einwanderer auf die Insel (allein 1880 rund 50 000). Die kolonialen Aktivitäten erwiesen sich als höchst profitabel, wie zahlreiche Prachtbauten, darunter das Raffles Hotel, bezeugen.

Der Zweite Weltkrieg und die Federation of Malaysia

Die koloniale Epoche fand am 15. Februar 1942 ein jähes Ende. Unvorbereitet auf einen Angriff von der Landseite fiel Singapur innerhalb von 14 Tagen schnell in die Hände der Japaner, die es in Shonanto (»Licht des Südens«) umbenannten. In Folge des Abwurfs zweier Atombomben kapitulierte Japan am 15. August 1945, und Singapur wurde der britischen Militärverwaltung unterstellt. 1946 wurden die Straits Settlements aufgelöst und Singapur zu einer britischen Kronkolonie.

Im folgenden Jahrzehnt kam es in Malaya (heute: West-Malaysia) und Singapur zu einem bewaffneten kommunistischen Aufstand. Die Regierung rief den Notstand aus, der die Angst vor linksgerichteter Gewalt schürte. 1959 wurden die ersten Wahlen in Singapur von der antikommunistischen People's Action Party (PAP) gewonnen. Der Vorsitzende Lee Kuan Yew wurde zum ersten Premierminister. Nach einem Referendum schloss sich die Insel 1963 mit Malaya, Sarawak und Nordborneo (heute: Sabah) zur Federation of Malaysia zusammen. Die Harmonie währte jedoch nicht lange: In Singapur kam es zu gewaltsamen Ausschreitungen, und in Malaya fürchtete man, die mehrheitlich chinesische Bevölkerung Singapurs könnte die Kräfteverhältnisse in der Föderation zu Ungunsten der Malaien kippen.

Nationale Unabhängigkeit und Wirtschaftswunder

Singapur wurde am 7. August 1965 aus der Föderation ausgeschlossen und zwei Tage später von Malaysia als souveräner Staat akzeptiert. Bis in die 1980er-Jahre hinein gewann die PAP bei jeder Wahl alle Parlamentssitze. Singapur wurde zu einem Einparteien-

Geschichte, Gegenwart, Zukunft

Esplanade Theatres on the Bay – eines der spektakulären Bauprojekte Singapurs

staat. Allerdings konnte die Partei auch große, durchaus nicht nur wirtschaftliche Erfolge vorweisen: Das Land, das in den 1960er-Jahren von Armut und sozialen Konflikten gekennzeichnet war, schaffte es, ausländisches Kapital und Knowhow anzuziehen und die Wirtschaft zu modernisieren. Singapur wurde zum Vorbild für erfolgreiches Wirtschaftswachstum und erfreute sich zunehmenden Wohlstands.

In den 1980er-Jahren wurde mit Hochdruck der Ausbau der Infrastruktur vorangetrieben.

Nachdem Lee Kuan Yew über 30 Jahre lang die Staatsgeschäfte geleitet hatte, übergab er 1990 seinen Posten an Goh Chok Tong. Er selbst blieb als Senior Minister und bis heute als Minister-Mentor hinter den Kulissen tätig.

Asien- und Finanzkrise 2008–2010

Die Asien-Krise 1997 traf die vom Außenhandel abhängige Wirtschaft Singapurs schwer. Durch das schnelle wirtschaftspolitische Handeln der Regierung erholte sich der Stadtstaat aber deutlich schneller als seine Nachbarn. Die Folgen der globalen Finanzkrise, die 2008 in den USA ihren Anfang nahm, wurden für die einheimische Bevölkerung durch einen aktiven Maßnahmenkatalog auf ein Minimum begrenzt.

Seit 2004 leitet Lee Hsieng Loong, der drittälteste Sohn Lee Kuan Yews, als Premierminister die Regierungsgeschäfte.

Bauen für die Zukunft

In den letzten fünf Jahren veränderte kaum eine Metropole der Welt ihr Gesicht so stark wie Singapur. Südöstlich des Stadtkerns entstand Marina Bay, ein neues Viertel auf aufgeschüttetem Land. Riesige Unterhaltungspaläste wie das Esplanade Theatres on the Bay oder die Universal Studios wurden fertiggestellt. Heute ist Singapur nicht nur eine der modernsten und sichersten Städte weltweit, sondern wartet auch mit einer lebendigen und kontinuierlich expandierenden kulturellen Szene auf. Nicht zuletzt zielen diese Vorhaben darauf ab, mehr Touristen in die Stadt zu locken. Der ehrgeizige Plan des Singapore Tourism Board aus dem Jahr 2005 sieht unter anderem eine Verdopplung der Touristenankünfte bis zum Jahr 2015 vor.

Reiseinfos von A bis Z

Anreise

... mit dem Flugzeug

Aus Deutschland, Österreich und der Schweiz gibt es z. T. mehrmals täglich Flüge nach Singapur ab 600 €. Sie landen nach gut 12 Stunden auf dem **Changi Airport** (▶ Karte 3), etwa 17 km von der City entfernt im Osten der Insel. Er ist einer der geschäftigsten Flughäfen in Asien und gilt als einer der effizientesten der Welt. Trotz seiner Größe ist er übersichtlich. Die medizinische Versorgung ist im Notfall rund um die Uhr garantiert, Boutiquen laden zum Stöbern, Restaurants zum Schlemmen ein, Spielplatz, Kino und Entertainment Centre sorgen für Unterhaltung.

Informationen: Tel. 65 95 68 68, www.changiairport.com.

Terminals: Zwischen den drei Hauptterminals (T1, T2 und T3) verkehrt der kostenlose Skytrain Shuttle Service zwischen 5.30 und 2.30 Uhr, danach fahren Shuttlebusse. Zum Budget Terminal verkehrt alle 10 Min. (2–5 Uhr alle 30 Min.) ein kostenloser Shuttlebus.

MRT: Die klimatisierten Züge sind stets zuverlässig, schnell und billig, bieten Komfort und ausreichend Platz für Gepäck. Sie fahren alle 4–12 Minuten ab Changi Airport und benötigen bis City Hall (S$ 2) 27 Min. Der erste Zug fährt Mo–Sa um 5.31 Uhr, So und feiertags um 5.59 Uhr, der letzte um 23.18 Uhr.

Airport Shuttle: Der Zubringerservice mit Minibussen für bis zu sechs Passagiere steuert fast alle Hotels in der Innenstadt an und verkehrt tgl. von 6–18 und von 0.30–2 Uhr alle 30 Min. und von 18–24 Uhr alle 15 Min. Erwachsene zahlen S$ 9, Kinder S$ 6. Reservie-

rung in den Terminals, im Hotel oder unter Tel. 62 41 38 18.

Taxi: Taxis warten außerhalb der Arrival Hall. Eine Fahrt zur Orchard Road kostet etwa S$ 20–30 plus Flughafenzuschlag *(surcharge)* von S$ 3, Fr–So S$ 5, und dauert ca. 30 Min.

Der kleinere zweite internationale Flughafen **Seletar Airport** wird nur für Flüge nach Malaysia und Batam Island (Indonesien) genutzt.

... auf dem Landweg

Eisenbahn: Seit Mitte 2011 halten die Züge der malaysischen Eisenbahn nur noch im **Woodlands Train Checkpoint** (▶ Karte 3), 11 Woodlands Crossing, im Norden der Insel. Die Hauptstrecke führt von Singapur via Kuala Lumpur nach Butterworth (Fähre nach Penang). Eine Nebenstrecke führt an die nordöstliche Küste. Zur Erledigung der Ausreiseformalitäten müssen Passagiere mindestens 30 Min. vor Abfahrt am Bahnhof sein. Infos: www.ktmb.com.my.

Busse: Die meisten Busse nach Johor Bharu (Malaysia) fahren vom Ban San Terminal (auch: **Queen Street Bus Terminal,** ▶ F 6), Queen Street, Ecke Arab Street, MRT Bugis. Fahrten in malaysische Städte sind aber nur unerheblich günstiger als Flüge.

Einreisebestimmungen

Ausweispapiere: Der Reisepass muss bei der Einreise mindestens sechs Monate gültig sein. Touristen aus Deutschland, Österreich und der Schweiz bekommen an der Passkontrolle einen Stempel, der zum Aufenthalt von bis zu 90 Tagen berechtigt. Schwangere ab dem 6. Monat bekommen u. U. keine

Aufenthaltsgenehmigung und sollten vor Reiseantritt die Botschaft von Singapur im Heimatland kontaktieren. Bei einer Geburt in der Metropole hätte das Kind nämlich automatisch Anspruch auf die singapurische Staatsbürgerschaft.

Für Transitpassagiere mit längerem Zwischenstopp gibt es gute Serviceangebote, z. B. kostenlose Pendelbusse und Stadtrundfahrten (s. S. 89).

Zollbestimmungen: Zollfrei sind 1 l Spirituosen und bis zu 2 l Wein oder Bier (gilt nicht bei der Einreise aus Malaysia). Jegliche Tabakprodukte werden hoch verzollt. Verboten ist die Einfuhr obszöner Publikationen (egal auf welchem Medium), kopierter Publikationen, die dem Copyright-Gesetz unterliegen, und Materialien, die zu »Aufruhr« und »Verrat« anstiften. Ebenfalls verboten sind Kaugummi, Kautabak und Knallkörper. Für in Singapur rezeptpflichtige Arzneimittel ist eine ärztliche Bescheinigung mitzuführen. Schon auf den Besitz kleiner Mengen von Drogen (jeder Art) steht die Todesstrafe, die auch ohne Pardon vollstreckt wird.

Diplomatische Vertretungen

Deutsche Botschaft: #12-00 Singapore Land Tower, 50 Raffles Place, Tel. 65 33 60 02, im Notfall Tel. 98 17 04 14, www.singapur.diplo.de, MRT Raffles Place, Mo–Fr 8.30–12.30 Uhr.
Österreichische Botschaft: #24-04/05, Parkview Square, 600 North Bridge Road, Tel. 63 96 63 50, singapore@advantageaustria.org, MRT Bugis, Mo–Fr 9–17.30 Uhr.
Schweizer Botschaft: 1 Swiss Club Link, Tel. 64 68 57 88, www.eda.ch/singapore, Mo–Fr 8–13 und 14–17 Uhr.
Botschaft der Republik Singapur in Deutschland: Voßstr. 17, 10117 Berlin,

Tel. 030 226 34 30, www.mfa.gov.sg/berlin, Mo–Fr 9–13 u. 13.30–17 Uhr.
Honorargeneralkonsulat der Republik Singapur in Österreich: Susanne Pabisch, Am Stadtpark 9, 1030 Wien, Tel. 01717071250, susanne.pabisch@rzb.at, Mo–Fr 9–12 Uhr.
Konsulat der Republik Singapur in der Schweiz: Avenue du Pailly 10, 1219 Châtelaine, Genf, Tel. 022 795 01 01, www.mfa.gov.sg/geneva, Mo–Fr 8.30–13 und 14–17 Uhr.

Feiertage

1. Jan.: Westliches Neujahr
Jan./Feb.: Chinesisches Neujahr, 2–3 Feiertage (10. Feb. 2013, 31. Jan. 2014, 19. Feb. 2015)
März/April: Karfreitag
1. Mai: Tag der Arbeit
Mai: Vesak Day/Vollmondtag (25. Mai 2013, 14. Mai 2014, 4. Mai 2015)
Juni: Drachenbootfest
Juli/Aug.: Beginn des Ramadan (9. Juli 2013, 28. Juni 2014, 18. Juni 2015)
9. Aug.: National Day
Aug.: Hari Raya Puasa, Ende des Ramadan (8.Aug. 2013, 27. Juli 2014, 17. Juli 2015)
Sept./Okt.: Hari Raya Haji, islamisches Opferfest (15. Okt. 2013, 4. Okt. 2014, 22. Sep. 2015)
Okt./Nov.: Deepavali (3. Nov. 2013, 23. Okt. 2014, 11. Nov. 2015)
Okt./Nov.: Ma'al Hijrah, islamisches Neujahrsfest (4. Nov. 2013, 24. Okt. 2014, 13. Okt. 2015)
25. Dez.: Weihnachten

Feste und Festivals

M1 Singapore Fringe Festival: Jan./Feb. Das kleine, erfrischend unkommerzielle Kulturfestival präsentiert

Reiseinfos von A bis Z

zeitgenössische und experimentelle Werke aller Sparten (Theater, Tanz, Film, Musik und Mixed Media) sowie Seminare und Diskussionen (www.singaporefringe.com).

Thaipusam: Ende Jan.–Mitte Feb. (Vollmondtag). Das hinduistische Fest der Selbstkasteiung. Nach tagelanger Vorbereitung mit Askese, Fasten und Gebeten erfüllen Gläubige Gelübde für die Gottheit Subramaniam. Sie durchstechen sich Wangen und Zunge mit Metallspießen; befestigen geschmückte Gestelle *(kavadi)* an Verankerungen, die in den Oberkörper gebohrt sind, und ziehen in einer Prozession vom Sri Srinivasa Perumal Temple (s. S. 51) zum Chettiar Temple in der Tank Road.

Chinesisches Neujahr: Jan./Feb. (Neumondtag). In den Wochen vor den offiziellen Feiertagen drängen sich Kauflustige in der festlich geschmückten Chinatown. Die Feiertage gehören traditionell der Großfamilie. Viele Geschäfte, Restaurants und Essenstände sind geschlossen. Die Festlichkeiten erstrecken sich über 15 Tage. Highlights sind der einwöchige Singapore River Hong Bao (www.riverhongbao.sg), ein Jahrmarkt an der Esplanade Waterfront, und die opulente, bunte Chingay Parade (www.chingay.org.sg), ein Umzug auf der Orchard Road mit Löwen- und Drachentänzen, maskierten Stelzenläufern und Festwagen.

Singapore Fashion Festival: Mai. Das größte Mode-Event Südostasiens findet jedes Jahr statt. Dann gibt es zahlreiche Modenschauen und elitäre Partys. audifashionfestival.com.

Vesak Day: Mai (Vollmondtag). Es wird Buddhas Geburt, Erleuchtung und Eintritt ins Nirvana gedacht. In buddhistischen Tempeln lesen Mönche Sutren, Gläubige lassen in Käfigen gehaltene Vögel frei – ein Symbol für die Befreiung gefangener Seelen.

Singapore Arts Festival: Mai/Juni. Mehrwöchiges Kunstfestival mit Premieren, Gastspielen und einheimischen Produktionen, v. a. in den darstellenden Künsten Theater, Ballett und Tanztheater. www.singaporeartsfest.com.

Singapore Food Festival: Juni/Juli. Für Gourmets und Gourmands ist das dem Essen gewidmete mehrwöchige Festival ein kulinarischer Höhepunkt. Es gibt Gerichte oder Menüs zum Sonderpreis, Kochkurse und das große Food Festival Village an der Waterfront (Marina Bay). singaporefoodfestival.com.sg.

National Day: 9. Aug. Der Nationalfeiertag erinnert an die Unabhängigkeit Singapurs und wird mit einer großen Militärparade im Nationalstadion begangen. Abends finden ein großes Feuerwerk und eine Lasershow an der Marina Bay statt.

Hungry Ghosts Festival: Aug. Nach der chinesischen Mythologie werden im siebten Monat des Mondkalenders die Geister der Verstorbenen aus der Hölle auf die Erde beurlaubt. Um sie zu beschwichtigen, werden Räucherstäbchen angezündet, Essensgaben dargeboten und Papiergeld verbrannt. Außerdem kommen chinesische Opern zur Aufführung.

Hari Raya Puasa: Juli/Aug. Dieser Tag markiert das Ende des Ramadan, der muslimischen Fastenzeit. In den Wochen zuvor wird abends im festlich erleuchteten Kampong Glam ein Straßenmarkt abgehalten. Besonders viel Trubel herrscht auf dem Nachtmarkt Geylang Serai und in der nahen Joo Chiat Road.

Mid-Autumn Festival: Vollmondtag im Sept. (19. Sept. 2013, 9. Sept. 2014, 28. Sept. 2015). Im achten Monat des chinesischen Mondkalenders schenken sich Chinesen zur Erinnerung an das Ende der Mongolenherrschaft in China Mondkuchen, süße kleine Kuchen.

Reiseinfos von A bis Z

Navarathiri (Navaratri): Sept./Okt. (5. Okt. 2013, 25. Sept. 2014, 13. Okt. 2015). Neun Abende mit klassischem indischem Tanz und Musik in Hindu-Tempeln zu Ehren von Lakshmi (Göttin des Wohlstands), Durga (Göttin der Zerstörung und Erneuerung) und Saraswati (Göttin der Weisheit und bildenden Künste).

Nine Emperor Gods Festival: Okt. Nach chinesischer Überlieferung besuchen neun Gottheiten, die Gesundheit, langes Leben und Glück bescheren, neun Tage lang die Erde. Im Zentrum der Feiern steht der Kiu Ong Yiah Temple in der Upper Serangoon Road. Es werden Wayang (chinesische Opern) aufgeführt und am neunten Tag große Umzüge veranstaltet.

Theemidhi (Timithi): Ende Okt. Hindus gehen zu Ehren der Gottheit Draupadi über glühende Kohlen. Das spektakuläre Fest wird u. a. im Sri Mariamman Temple (s. S. 36) begangen.

Deepavali (Diwali): Ende Okt./Mitte Nov. Das hinduistische Fest des Lichts feiert den Sieg des Lichts über die Dunkelheit mit Gebeten, religiösen Zeremonien und Familienbesuchen mit ausgiebigem Essen.

Weihnachten: 25. Dez. Die festlich erleuchtete Orchard Road steht im Zentrum der vorweihnachtlichen Aufmerksamkeit. Straßenkünstler und Musiker treten vor oder in den festlich erleuchteten Einkaufszentren auf. Weitere Highlights sind ein Straßenumzug Mitte Dezember und ein Konzert am 25.12.

Geld

Der **Singapore Dollar** (S$ / SGD) entspricht 100 Cents. Der Wechselkurs beträgt 0,65 EUR bzw. 0,78 CHF für S$ 1 (Stand Juli 2012).

Banknoten gibt es zu S$ 2 (lila), S$ 5 (grün), S$ 10 (rot), S$ 50 (blau), S$ 100 (orange), S$ 1000 (lila) und S$ 10 000 (gold). Münzen sind im Umlauf zu 1 Cent, 5 Cents, 10 Cents, 20 Cents, 50 Cents und 1 Dollar. Kreditkartenzahlung und Geldautomaten (ATMs) sind sehr weitverbreitet.

Zum Nine Emperor Gods Festival werden spektakuläre Umzüge veranstaltet

Reiseinfos von A bis Z

Gesundheit

In Singapur ist die ärztliche und zahnärztliche Versorgung von durchweg sehr hohem Standard. Im Vergleich zu Mitteleuropa sind die Kosten niedriger. Da Arzt- und Krankenhausbesuche sofort bezahlt werden müssen und die Kosten von der heimischen Krankenkasse nicht erstattet werden, ist der Abschluss einer Reisekrankenversicherung zu empfehlen.

Notfallversorgung: Fast alle Krankenhäuser haben eine Notaufnahme, u. a. das Singapore General Hospital, Outram Road, Tel. 63 21 43 11, www.sgh.com.sg, MRT Outram Park, und das Raffles Hospital, 585 North Bridge Road, Tel. 63 11 15 55, www.rafflesmedical.com, MRT Bugis.

Apotheken: Pharmazeutische Produkte bekommen Sie außer in Apotheken *(pharmacy)* auch in Drogerien *(drug store)*, Supermärkten und Einkaufszentren.

Informationsquellen

… in Deutschland

Singapore Tourism Board: Hochstr. 35, 60313 Frankfurt/Main, Tel. 069 920 77 00, www.stb.gov.sg.

… in Singapur

Tourist Hotline (8–21 Uhr): Tel. 1800 736 20 00.

Singapore Tourism Board: Tourism Court, 1 Orchard Spring Lane, www.yoursingapore.com, Mo–Fr 8–18 Uhr.

Infostellen des Tourism Boards:

Singapore Visitors Centres @ Changi: in den Terminals 1, 2 und 3, tgl. 6–24, am Terminal 3 bis 2 Uhr. Kostenlose Stadtrundfahrten für Transit-Passagiere mit mehr als 5 Std. Aufenthalt.

Singapore Visitors Centre @ Orchard Road: Orchard Road, Ecke

Cairnhill Road, tgl. 9.30–22.30 Uhr. Neben touristischen Auskünften auch Reservierung von Unterkünften, Buchung von Touren und Verkauf von Eintrittskarten zu kulturellen Veranstaltungen.

Singapore Visitors Centre @ ION Orchard: im Erdgeschoss des ION Orchard Shopping Centre, tgl. 0–22 Uhr.

App

Besitzer von iPhones oder Android-Handys können sich im jeweiligen App-Store die kostenlose, sehr nützlich App »Your Singapore Guide« herunterladen.

Internet

Länderkennung: .sg

www.yoursingapore.com: Modern gestalteter Webauftritt des staatlichen Fremdenverkehrsamts, Singapore Tourism Board, zahlreiche aktuelle Informationen und Tipps, die für die Reiseplanung nützlich und hilfreich sind.

www.streetdirectory.com: Online-Stadtpläne für das gesamte Stadtgebiet zum Ausdrucken sowie zahlreiche Adressen nach Rubriken sortiert, z. B. Restaurants, Accommodation (Übernachtung) und Entertainment.

www.singaporevr.com: Auf der nicht-kommerziellen Webseite des passionierten Fotografen Aram Pan vermitteln schöne 360°-Panorama-Fotos zahlreicher Sehenswürdigkeiten, Plätze und Gebäude einen lebendigen Eindruck vom Stadtstaat.

www.timeoutsingapore.com: Die Webseite des Printmagazins fungiert als erste Anlaufstelle für Informationen zu Veranstaltungen, Restaurants, Hotels, Bars und Clubs.

www.hungrygowhere.com: Einheimische berichten und debattieren über die besten Garküchen, Essenstände, Cafés, Restaurants usw.

www.nparks.gov.sg: Seite des staatlichen National Parks Boards, die alle

Reiseinfos von A bis Z

Parks, Gärten und Naturreservate listet. Mit detaillierten Wegbeschreibungen und Karten zum Herunterladen und Ausdrucken.
www.utopia-asia.com/tipssing.htm: Das Portal für Schwule und Lesben in Asien (Asian Gay & Lesbian Resources) ist auch für Singapur eine wahre Fundgrube an Informationen.

Kinder

Übernachten: Ein Hotel mit Pool hält im schwül-heißen Singapur Kids bei Laune. Einige Hotels berechnen keine Extrakosten für Kinder unter 12 Jahren, sofern sie kein eigenes Bett benötigen, oder bieten Mehrbettzimmer oder Extrabetten zu einem kleinen Aufpreis.
Essen gehen: Einheimische Familien gehen gern und oft mit Kind und Kegel essen. In einem Food Centre oder Kopi Tiam legt man keinen Wert auf Etikette. Bei der großen Auswahl findet sich mit Sicherheit etwas, das europäischen Kindergaumen zusagt.
Museen: Das Singapore Science Centre (s. S. 77) spricht sowohl Kinder als auch Erwachsene an.
Tierparks: Im Singapore Zoo (s. S. 68) und Jurong Bird Park (s. S. 77) stellen die Tierpfleger zu bestimmten Zeiten einige ihrer Schützlinge vor. Zudem führen bei unterhaltsamen und lehrreichen Shows Tiere Kunststückchen vor. Abends bietet die Night Safari (s. S. 69) ein tropisches Urwalderlebnis.
Vergnügungsparks: Neben dem Themenpark **Universal Studios Singapore** mit 20 Attraktionen – vom alten Ägypten über Hollywood bis zu Science Fiction, von Jurassic Park über Shrek bis zu den Transformers – bietet die Insel Sentosa zahlreiche weitere Highlights für den Nachwuchs (s. S. 59). Kinder freuen sich auch über einen Besuch im **Wild Wild Wet Park**, einem riesigen Wasserpark (Übersichtskarte, 1 Pasir Ris Close, MRT Pasir Ris und 10 Min. zu Fuß, www.wildwildwet.com, Mo, Mi–Fr 13–19, Sa, So und Fei 10–19 Uhr, Eintritt Erwachsene S$ 16, Kinder 3–12 Jahre S$ 11).

Klima und Reisezeit

In Singapur ist es immer heiß und schwül. Dezember und Januar gelten zwar als etwas kühlere, Juni und Juli als etwas wärmere Monate, aber die Temperaturunterschiede sind marginal. Die durchschnittliche Tageshöchsttemperatur liegt bei 31 °C, nachts sinkt die Quecksilbersäule auf etwa 24 °C. Niederschläge sind ziemlich gleichmäßig über das ganze Jahr verteilt, eine ausgeprägte Regen- und Trockenzeit gibt es nicht. Zur Zeit des Nordostmonsuns von November bis Januar regnet es etwas mehr, die niederschlagsärmsten Monate sind Mai bis Juli. Aber auch dann sind Sie vor einem tropischen Regenguss – kurz und heftig – nicht ge-

Klimadiagramm Singapur

Reiseinfos von A bis Z

feit. Die Luftfeuchtigkeit beträgt um 80 %, kann aber auf bis zu unangenehme 99 % ansteigen.

Öffnungszeiten

Banken: meistens Mo–Fr 9.30–15.30, Sa 9.30–11.30 Uhr.
Post: Kernzeit von 9.30–17, Sa bis 13 Uhr. Längere Öffnungszeiten hat u. a. das Killiney Road Post Office, 1 Killiney Road, MRT Somerset, Mo–Fr 9.30–21, Sa 9.30–16, So 10.30–16 Uhr.
Geschäfte: meist tgl. 10–21 Uhr.

Rauchen

Der Glimmstängel ist praktisch aus dem öffentlichen Leben verbannt. Zuwiderhandlungen werden mit Geldstrafen von bis zu S$ 1000 geahndet. ›Rauchen verboten‹ gilt in allen öffentlichen Gebäuden und Verkehrsmitteln sowie Restaurants, Food Centres, Pubs, Bars und anderen Nachtlokalen, MRT-Stationen und sogar an Bushaltestellen. Nur ein kleiner Bereich darf in Nachtlokalen als Raucherecke eingerichtet werden. Eine angebrochene Schachtel Zigaretten kann ohne Weiteres eingeführt werden, aber auf jede weitere Zigarette (!) muss ein horrender Zoll entrichtet werden.

Reisen mit Handicap

Erst langsam beginnt man in Singapur behindertenfreundlich zu denken. Ein Verzeichnis aller für Rollstuhlfahrer zugänglichen Orte, Behörden, Hotels usw. gibt die **Disabled People's Association of Singapore** heraus (25, International Business Park, #04-77, German Centre, Tel. 68 99 12 20, www.dpa.org.sg, MRT Jurong East).

Sport und Aktivitäten

Fitness und Wellness
Allen Luxushotels sind Spas angegliedert, und zahlreiche weitere sind über die ganze City verteilt. Mindestens einen Tag im Voraus buchen und 15–20 Min. vor dem Termin dort sein.
Estheva Spa, ▪ A 6: im ION Orchard, 2 Orchard Turn #03-25, Tel. 65 09 39 00, www.estheva.com, MRT Orchard, tgl. 10–22 Uhr. In dem mehrfach als bestes Spa Singapurs ausgezeichneten Wellnesskomplex werden Gäste in luxuriösem Ambiente verwöhnt. Eine 90-minütige Massage kostet ca. S$ 200.

Golf
Im dicht bebauten und bevölkerten Singapur gibt es über 20 Golfplätze, teilweise in Country Clubs in herrlicher La-

Sicherheit und Notfälle

Singapur ist eine der sichersten Städte der Welt. Selbst Taschendiebstähle kommen nur selten vor. Gefährliche Stadtviertel oder gar Slums gibt es nicht. Sie können sich auch nachts ohne Angst überall auf der Straße bewegen.
Wichtige Notrufnummern
Polizei: Tel. 999
Krankenwagen *(ambulance):* Tel. 995
Kreditkartensperrung: American Express, Tel. 1800 299 19 97;
Visa, Tel. 800 110 03 44; Mastercard, Tel. 800 110 01 13.

ge. Werktags können auch in den privaten Clubs auswärtige Gäste spielen, die Wochenenden sind hingegen meist Mitgliedern vorbehalten. Infos unter www.yoursingapore.com, Suchbegriff »Golf«.

Joggen und Rad fahren
Nach 18 Uhr, wenn es etwas kühler wird, gehen viele Singapurer joggen. Der 10 km lange **East Coast Bicycle Trail** im East Coast Park (▶ Karte 3) an der Küste südlich der Vororte Katong und Bedok beginnt an der East Coast Lagoon.

Weniger überlaufen als Sentosa (s. S. 59) ist das **Bukit Timah Nature Reserve** (s. S. 66) im Norden der Insel, mit Spazierwegen und einer Mountainbike-Strecke. Ruhig ist es auch auf **Pulau Ubin** (s. S. 82), wo Sie im Dorf am Bootssteg Fahrräder mieten und an Fischteichen und einem Rest Regenwald vorbeifahren können.

Am Wochenende wird es überall ziemlich voll.

Schwimmen
Die Küsten von Singapur bieten zwar einige Badestrände, die von Einheimischen aufgesucht werden, aber die Wasserqualität ist aufgrund des regen Schiffsverkehrs nicht die beste. Außer einem Hotelpool und den Stränden bieten sich für Touristen noch die Badelagunen auf Sentosa (s. S. 59) und die Strände auf St. John's (s. S. 83) an.

Telefon und Internet

Die **Landesvorwahl** für Singapur ist +65. Normale **Telefonnummern** bestehen aus acht Ziffern. Auch für Anrufe vom Handy ins Festnetz wird keine Vorwahl benötigt. Gebührenfreie Telefonnummern beginnen mit 1800 oder 800.

Die **Vorwahl** für Auslandsgespräche lautet 001, gefolgt von der Landesvorwahl, also für Deutschland 49, Österreich 43 und die Schweiz 41.

Wer sein **Handy** in Singapur nutzen möchte, kann sich die Tourist Prepaid Card von Starhub holen (www.starhub.com/visitsg). Für S$ 15 sind neben S$ 18 Startguthaben und günstigen Minutenpreisen für Inlands- und Auslandsgespräche auch 30 MB kostenlose Daten (gültig in den ersten 3 Tagen nach Aktivierung), 20 Frei-SMS, kostenloser Zugriff auf die informative »Your Singapore Guide«-App, 20 % Rabatt auf den Eintritt vieler Museen und freier Eintritt in die St. James Power Station inklusive.

Im Rahmen des Regierungsprojektes Wireless@SG kann man sich in vielen Gegenden nach einer einmaligen Registrierung kostenlos über WLAN (Wi-Fi) ins Internet einwählen.

Unterwegs in Singapur

An allen MRT-Stationen gibt es für S$ 2,80 den handlichen »Transit-Link Guide« zu kaufen. Er enthält ein komplettes Verzeichnis aller Buslinien inkl Haltestellen, eine Karte des MRT-Netzes sowie Umgebungspläne sämtlicher MRT-Stationen mit Angabe der Busverbindungen.

U- und S-Bahn (MRT)
Pünktlich, sicher, sauber und komfortabel kühl – die MRT (Mass Rapid Transport System) ist das beste Transportmittel für längere Strecken.

Die **East West Line** verläuft von Jurong (Joo Koon) bis zum Changi Airport oder Pasir Ris, die **North South Line** von Marina Bay nach Norden und in einem Halbkreis nach Süden bis Jurong East und die dritte, 20 km lange **North East Line** vom HarbourFront Centre

Reiseinfos von A bis Z

Der Umwelt zuliebe – nachhaltig reisen

Die Umwelt schützen, die lokale Wirtschaft fördern, intensive Begegnungen ermöglichen, voneinander lernen – nachhaltiger Tourismus übernimmt Verantwortung für Umwelt und Gesellschaft. Die folgenden Webseiten geben einige Tipps, wie man seine Reise nachhaltig gestalten kann, und bieten Hinweise auf entsprechende Reiseangebote.

www.fairunterwegs.org: »Fair Reisen« anstatt nur »verreisen« – der schweizerische Arbeitskreis für Tourismus und Entwicklung erklärt, wie das geht. Die spezifischen Infos zu Singapur sind allerdings mager.

www.respect.at: »Reisen mit Respekt« fordert die österreichische Organisation und informiert umfassend über faires Reisen, die Info-Check-Hefte konzentrieren sich auf Schwerpunktthemen wie angemessene Kleidung auf Reisen oder den Umgang mit Armut.

www.tourism-watch.de: Vierteljährlicher Newsletter mit Hintergrundinformationen zum Tourismus weltweit und Themenseiten zu Kultur, Religion und Menschenrechten im Tourismus.

nach Ponggol im Nordosten. Die neue Circle Line umfährt das Zentrum von HarbourFront via Holland Village und Paya Lebar. Im Zeitraum 2013–2017 wird auch die Downtown Line ihren Betrieb aufnehmen und zunächst Chinatown mit Bugis verbinden und später bis nach Bukit Panjang und Changi führen.

In der Innenstadt fährt die Bahn unterirdisch, außerhalb verläuft sie auf einer Betontrasse, und die Bahnhöfe liegen weiter auseinander.

Verkehrszeiten: 5.30–24 Uhr, ca. alle 5 Min., Mo–Fr morgens und abends sowie Sa nachmittags alle 2–4 Min.

Fahrpreis: Einzelkarten *(standard ticket)* kosten je nach Strecke S$ 1,10–2,40 plus S$ 1 Pfand (auch der Einzelfahrschein ist eine Plastikkarte, allerdings keine wiederaufladbare). Sie sind am Automaten (GTM = *General Ticket Machine*) erhältlich. Beim Passieren der Schranken wird die Plastikkarte leicht auf das Lesegerät gehalten.

Sammelkarten: Bei Transit Link Ticket Offices (z. B. MRT City Hall, tgl. 9–21

Uhr) sind um 10 % günstigere Sammelkarten erhältlich: Die wiederaufladbare **EZ-link card** (www.ezlink.com.sg, S$ 15, davon S$ 7 Guthaben) gilt für die MRT und alle Busse.

Informationen: Tel. 1800 225 56 63, tgl. 8–18 Uhr, www.smrt.com.sg.

Busse

Die Busgesellschaften **SBS Transit** und **SMRT** bedienen die Insel mit meist vollklimatisierten Bussen von etwa 5.30–24 Uhr. Haltestellen sind mit einem roten Schild mit weißen Nummern markiert. Manche Busse halten nur an, wenn man sie heranwinkt.

Fahrpreis: je nach Strecke *(fare stage)* S$ 0,90–2,45. Teilen Sie dem Busfahrer beim Einsteigen mit, wo Sie hinwollen, und er nennt Ihnen den Betrag, den Sie in einen Metallkasten neben dem Fahrer werfen. Vorsicht: Wechselgeld gibt es keins.

Informationen: SBS Transit, Tel. 1800 287 27 27, www.sbstransit.com.sg, Mo–Fr 7–21 Uhr; TransitLink, www.transitlink.com.sg.

Reiseinfos von A bis Z

Taxis

Sie dürfen in der Innenstadt Passagiere nur an markierten Taxiständen aufnehmen. Außerhalb des Zentrums können Sie ein Taxi vom Straßenrand heranwinken. Das Taxameter wird immer angeschaltet und ein Trinkgeld nicht erwartet. Manche Fahrer sprechen kaum Englisch.

Tarifsystem: Die Einschaltgebühr beträgt S$ 2,80 inkl. des ersten Kilometers, jede weiteren 385 m kosten 20 ¢, ab 10 km jede 330 m. Wartezeit wird mit 20 ¢ pro 45 Sekunden berechnet. Zuschläge zur Rushhour Mo–Fr 7–9.30 und Mo–Sa 17–20 Uhr plus 35 %, nachts von 24–6 Uhr plus 50 %, feiertags plus S$1, ab Changi oder Seletar Airport plus S$ 3–5, jede Fahrt aus der Innenstadt Mo–Sa zwischen 17 und 24 Uhr plus 3 S$, ab 5. Fahrgast plus S$ 1 pro weiterem Gast, jedes Gepäckstück plus S$ 0,50, zudem Zuschläge für telefonische Buchung. Die Zuschläge erscheinen nicht auf dem Taxameter.

Reklamationen: Sollte es Anlass zu Beschwerden geben, hilft das Registry of Vehicles, Sin Ming Drive, Tel. 64 59 42 22, oder die Singapore Visitors Centres. **Telefonische Taxibestellung:** City-Cab und Comfort, Tel. 65 52 11 11, SMRT, Tel. 65 55 88 88.

Stadtführungen und Rundfahrten

Informationen über das komplette Programm bekommen Sie bei den Singapore Visitors Centres (s. S. 20). Meist sind die Führungen in englischer Sprache.

The Original Singapore Walks: Tel. 63 25 16 31, www.singaporewalks.com, tgl. außer So und Fei, S$ 30–48, Kinder S$ 15–30. Wer einen aufschlussreichen Blick in alle möglichen Gegenden Singapurs werfen möchte, ist mit diesen Touren gut beraten. Vertieft durch Anekdoten und Zahlen erschließen sich neue Perspektiven auf die Stadt. Eine Reservierung ist zumeist nicht notwendig, Treffpunkte sind MRT-Stationen.

SH Tours: Tel. 67 34 99 23, www.asiatours.com.sg. Die teilweise auch deutschsprachigen Touren führen durch das Kolonialviertel und die Chinatown und über den Orchideengarten (im Botanischen Garten) nach Little India.

SIA Hop-on Bus: Tel. 94 57 28 96, www.siahopon.com, Tageskarte S$12, für Fluggäste von Singapore Airlines S$6, für Teilnehmer am Programm Singapore Stopover Holiday umsonst, Kinder S$ 6, tgl. 9–17.35 Uhr ca. alle 30 Min. sowie ab 18.35 und 19.35 Uhr. Eine Fahrt mit dem Bus deckt alle wichtigen Viertel und Sehenswürdigkeiten im Zentrum ab. Route: Marina Square, Singapore Flyer, Esplanade, Esplanade Park, Coleman St., Boat Quay, Chinatown, Eu Tong Sen St., Clarke Quay, Havelock Rd., Zion Rd., Orchard Blvd., Grange Rd., Botanischer Garten, Orchard Rd., Selegie Rd., Sungei Rd. (Little India), Ophir Rd., Raffles City – Fahrtdauer 2 Std., beliebiges Ein- und Aussteigen möglich.

Singapore DUCKtours: Tel. 63 38 68 77, www.ducktours.com.sg, verschiedene Touren, tgl. 10–18 Uhr ab S$ 33, Kinder S$ 23. Erleben Sie Singapur mit einem Amphibienfahrzeug – die witzig aufgemachte Tour führt ab Suntec City Mall oder Singapore Flyer durch das Kolonialviertel, den Kallang River und die Marina Bay.

Singapore River Cruise: Tel. 63 36 61 11, www.rivercruise.com.sg. Fahrten auf dem Singapore River, s. S. 31.

15 x Singapur direkt erleben

Diese Stadt hat wie kaum eine andere ihr Gesicht rapide und umfassend verändert. Auf umgebauten Lastkähnen schippern Touristen auf dem Singapore River vorbei an schicken Clubs und Restaurants in ehemaligen Hafenkneipen und Lagerhallen vor einer Kulisse überwältigender Wolkenkratzer.

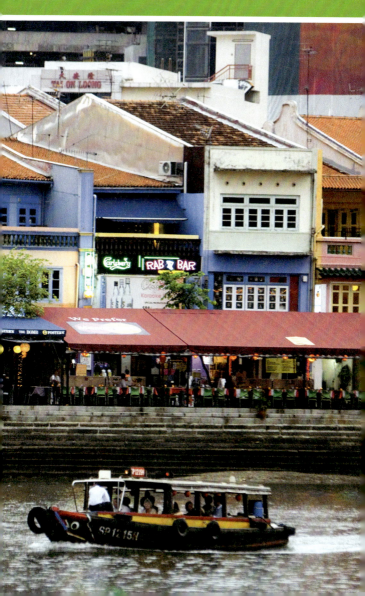

1 | Wo alles begann – beiderseits des Singapore River

Karte: ▶ D/E 7–9 | **Anfahrt:** MRT: Clarke Quay

Der Singapore River war schon immer die Lebensader der Insel. Hier entstanden die ersten Siedlungen. Hier ging 1819 Sir Stamford Raffles an Land und begann mit dem Ausbau des Handelsstützpunkts. Seine Ufer säumen noch immer wichtige Regierungsgebäude, ebenso wie die größten Wolkenkratzer der Finanzwelt. Hier steht das touristische Wahrzeichen der Stadt und nicht weit davon entfernt das berühmteste Hotel. Nirgendwo waren die Veränderungen im Stadtbild offensichtlicher als an den Ufern des Flusses. Für die Erkundung der Gegend sollte etwa ein halber Tag Zeit eingeplant werden.

Auf der ersten Brücke

Spazieren Sie von der MRT-Station Clarke Quay (Ausgang Central) am Flussufer entlang über die New Bridge Road zur schneeweißen, elegant geschwungenen **Elgin Bridge** 1. Bereits 1823 überspannte an dieser Stelle die erste Holzbrücke den Fluss. Sie konnte schon bald das Verkehrsaufkommen nicht mehr bewältigen und wurde in der Folgezeit mehrfach erweitert. Ihre gegenwärtige Form erhielt sie 1925.

Von der Brücke bietet sich ein perfekter Blick auf die Innenstadt: Rechts erheben sich die gigantischen Wolkenkratzer des Financial Districts (s. S. 57), deren Ausmaße die kleinen restaurierten Lagerhäuser an der Uferpromenade wie Spielzeugbauten erscheinen lassen. Auf der linken Seite liegen inmitten gepflegter Rasenflächen die repräsentativen Verwaltungsbauten aus der Kolonialzeit, etwa das Parlamentsgebäude und dahinter das 1865 erbaute, wunderschön restaurierte Empress Place Building mit dem Asian Civilisations Museum (s. S. 32).

1 | Beiderseits des Singapore River

Begegnung mit früheren Bewohnern

Unterhalb der Brücke reihen sich in restaurierten Häusern an der südlichen Uferpromenade **Boat Quay** `1` Restaurants mit unterschiedlichen Küchen. Viele locken mit Terrassen am Wasser und diversen Sonderangeboten, sind allerdings bekannte Touristenfallen.

Entlang der Uferpromenade vermitteln lebensgroße Bronzeskulpturen der ›People of the River‹ einen realistischen Eindruck von den Menschen, die den britischen Handelsposten im 19. Jh. bevölkerten: Kulis, Geschäftsleute, Kolonialbeamte und Geldwechsler. Jenseits der **Cavenagh Bridge** `2` nehmen Jungs übermütig ein erfrischendes Bad im Singapore River – ihre Sprünge sind in der Bewegung eingefroren, denn auch sie sind nur aus Bronze.

Im Hintergrund erhebt sich das neoklassizistische, 1928 erbaute **Fullerton Hotel** `3`. Früher beherbergte der Prachtbau vor allem das Hauptpostamt, und als dieses auszog, wurde es um die Jahrtausendwende in ein Luxushotel umgewandelt. Eine klimatisierte unterirdische Passage verbindet es mit **One Fullerton** `1`, einem Komplex mit populären Bars, Clubs und Restaurants an der Marina Bay.

Das offizielle Wahrzeichen

Vor dem One Fullerton speit das Wahrzeichen Singapurs, der **Merlion** `4`, eine Wasserfontäne ins Meer. Hierbei handelt es sich jedoch nicht etwa um das traditionelle Wappentier der Stadt, sondern um eine 1964 für Werbezwecke ersonnene Fantasiekreatur mit Fischleib und Löwenkopf. Kitschig oder nicht – vor dem Hintergrund des stattlichen Fullerton Hotels und der steil aufragenden Bürotürme ist sie allemal ein beliebtes Fotomotiv, besonders in der Abenddämmerung.

Übrigens: Sind Sie erschöpft vom vielen Laufen? Dann unternehmen Sie eine Bootstour, zum Beispiel auf einem der umgebauten Proviantschiffe *(bumboats)* von der Merlion-Statue zur Raffles Landing Site.

Der Gründer des modernen Singapur

Jenseits der Empress Anderson Bridge begegnen Besucher dem Stadtgründer Sir Stamford Raffles, und das gleich zweimal. Die in Bronze gegossene **Raffles-Statue** `5` steht in dem kleinen Park vor der Victoria Theatre and Concert Hall, während eine Kopie aus weißem Kunststoff die Stelle markiert, wo er zum ersten Mal den Boden der Insel betreten haben soll: die **Raffles Landing Site** `6`.

Das Regierungsviertel

Jetzt befinden Sie sich bereits im Regierungsviertel. Allerdings zog das Parlament vor einigen Jahren aus dem Kolonialbau in ein moderneres Gebäude in der North Bridge Road. Das alte Parlamentsgebäude öffnete als **Arts House** `7` seine ehrwürdigen Räumlichkeiten der Kultur (s. S. 110) ebenso wie das benachbarte Bauwerk mit dem großen Uhrturm, die **Victoria Theatre und Concert Hall**. Auf dem weitläufigen Rasen weiter nördlich, dem **Padang** `8` (malaiisch: »Ebene«), vergnügte sich damals die High Society beim Hockey oder Cricket. An ihn grenzen im Westen zwei stattliche Gebäude mit korinthischen Säulen, die City Hall (Rathaus) und der Old Supreme Court – der oberste Gerichtshof residiert heute dahinter in dem Gebäude mit dem runden, Ufo-ähnlichen Dach.

Auf der freien Fläche vor dem Raffles City Shopping Centre erinnert das **War**

29

1 | Beiderseits des Singapore River

Der Merlion – Wahrzeichen der Stadt und beliebtes Fotomotiv

Memorial 9, von Einheimischen wegen seiner Form ›Chop Sticks Memorial‹ (Essstäbchen-Denkmal) genannt, an die Opfer der japanischen Besatzung.

Das bekannteste Hotel der Stadt

Schräg gegenüber steht bereits der detailreiche Bau des **Raffles Hotels** 10 (s. S. 89). Es ist geradezu ein Symbol für das längst untergegangene Singapur der Kolonialzeit, wie es in einigen von Somerset Maughams Geschichten verewigt wurde. Von bescheidenen Anfängen als 10-Zimmer-Hotel im Jahre 1887 entwickelte sich das Raffles zu dem »besten [Hotel] seiner Art östlich von Suez«, wie ein Zeitungsartikel zu Beginn des 20. Jh. berichtete. Auf der langen Liste berühmter Gäste stehen zahlreiche Schriftsteller, u. a. Rudyard Kipling, Noel Coward – und natürlich Somerset Maugham, der den Klatsch, den er hier zu Ohren bekam, in seinen Geschichten verwertet haben soll. Das sehenswerte **Raffles Hotel Museum** enthält Memorabilien, die an die Glanzzeit des Hotels erinnern. Anfang der 1990er-Jahre wurde es von Grund auf renoviert und von innen aufwendig modernisiert. In puncto Stil und Dekor orientierte man sich am Jahr 1915. Heute ist es umringt von Konkurrenten um den Titel ›erstes Hotel am Platz‹, aber ein ›Tiffin Lunch‹ unter schwirrenden Ventilatoren oder wenigstens ein Singapore-Sling-Cocktail in der berühmten Long Bar (s. S. 105) gehören nach wie vor zum Ritual eines Singapur-Besuchs.

Beste Aussichten

Zur Vervollständigung eines ersten Eindrucks von der spannenden asiatischen Metropole nutzen Sie die Möglichkeit,

1 | Beiderseits des Singapore River

von der Bar eines der höchsten Hotels Südostasiens über die Stadt zu blicken. Das von I. M. Pei entworfene, silbern glitzernde **Raffles City Shopping Centre** 1 beherbergt neben zahlreichen Geschäften auch einige Luxushotels. Das größte ist das Swissôtel The Stamford, das mit seinem über 73 Stockwerke reichenden Turm das gegenüberliegende Raffles Hotel zumindest größenmäßig in den Schatten stellt. Von der City Space Lounge und New Asia Bar (s. S. 106) im 70. und 71. Stockwerk des Hotels bieten sich atemberaubende Ausblicke auf die Skyline der Innenstadt.

Infos
Raffles Hotel Museum: 1 Beach Road, Tel. 63 37 18 86, www.raffles.com, tgl. 10–19 Uhr, Eintritt frei.

Ein Drink am frühen Abend
Für eine kultivierte alkoholische Erfrischung nach dem Spaziergang bietet sich ein Besuch im **Equinox Complex** 2 (2 Stamford Road, Tel. 68 37 33 22, equinoxcomplex.com, MRT City Hall) in den oberen Stockwerken des Swissôtel an. Die Ansammlung fünf verschiedener Bars und Restaurants bietet etwas für jeden Geschmack. Die Bars sind mindestens bis 1 Uhr geöffnet. Mit offenen Schuhen und kurzen Hosen kein Einlass (s. auch S. 94).

Eine etwas andere Sightseeing-Tour
Bei einer Flussfahrt mit **Singapore River Cruise** (Tel. 63 36 61 11, www.rivercruise.com.sg) können Sie sich völlig entspannen.
Die Singapore River Experience Tour fährt in 40 Min. entlang Clarke Quay, Boat Quay und Marina Bay, S$ 17, Kinder S$ 10.
Die New River Experience Tour schließt zusätzlich noch den Robertson Quay mit ein, 60 Min. für S$ 22, Kinder S$ 12. Die Boote verkehren täglich in regelmäßigen Abständen zwischen 9 und 23 Uhr, letzte Abfahrt 22.30 Uhr. Am schönsten ist das Ganze in der Abenddämmerung.

Ein Snack zwischendurch
Im Raffles City Shopping Centre bietet sich für Freunde nahrhafter westlicher, herzhaft abgeschmeckter Eintöpfe wie etwa einer Gulaschsuppe, Kürbiscremesuppe oder Minestrone ein Besuch bei **The Soup Spoon** 2 (#B1-61, Tel. 63 34 32 20, www.thesoupspoon.com, So–Do 10.30–22, Fr und Sa bis 22.30 Uhr, Suppen ab S$ 6) an. Zudem gibt es auch frisch gebackene Brote, Wraps, bunte Salate und Sandwiches.

31

2 | Schmelztiegel der Kulturen – die Völkerkundemuseen

Karte: ▶ D/E 7/8 | **Anfahrt:** MRT: Raffles Place, City Hall

Singapur ist in jeder Beziehung eine multikulturelle und kosmopolitische Metropole. Die empfehlenswerten Museen Asian Civilisations Museum und Peranakan Museum bieten die Gelegenheit, mehr über die vielfältigen Kulturen Südostasiens zu erfahren.

Durch die vorteilhafte geografische Lage entlang der Handelsroute von den ›Gewürzinseln‹ zu den europäischen Absatzmärkten sowie zwischen den Einflusssphären der beiden Großmächte China und Indien profilierte sich die Insel an der Südspitze des asiatischen Kontinents bereits früh als bedeutendes Handelszentrum. Chinesen, Inder, Malaien und Europäer ließen sich hier nieder und machten die Stadt zu einem Schmelztiegel höchst unterschiedlicher Kulturen. Noch heute prägt dies den Alltag, wie an der Bandbreite der Essensmöglichkeiten und den in vier Sprachen beschrifteten Straßenschildern leicht zu erkennen ist. Auch werden religiöse Feiertage von allen gemeinsam begangen – Muslime, Christen, Taoisten oder Hindus feiern das Ende des islamischen Fastenmonats Ramadan ebenso wie Weihnachten.

Asian Civilisations Museum [1]

In dem hübschen, 1854 erbauten viktorianischen Empress Place Building am Singapore River befindet sich die beeindruckende Sammlung des Asian Civilisations Museums. Es ist das erste Museum in Südostasien, das eine umfassende und gleichzeitig ganzheitliche Darstellung wichtiger asiatischer Kulturen und Zivilisationen anstrebt. Elf Galerien, die sich über 14 000 m² Ausstellungsfläche auf drei Stockwerken erstrecken, wecken mit ausgesuchten, raffiniert ausgeleuchteten Exponaten und gut platzierten Erklärungen Neu-

2 | Die Völkerkundemuseen

gier. Zahlreiche Videos und interaktive Darstellungen ermöglichen es, tiefer in ausgewählte Themen einzutauchen und die Wurzeln verschiedener heimischer Kulturen zu erforschen. Wer sich ein umfassendes Bild machen möchte, sollte mindestens zwei Stunden einplanen.

Die einzelnen Galerien

Die hervorragende Dauerausstellung gewährt einen Überblick über die asiatische Geschichte und Kunst der letzten 5000 Jahre, die Singapur ihren Stempel aufgedrückt haben.

Die **Singapore River Gallery** (Galerie 1) konzentriert sich auf die Entstehung der Stadt und untersucht die Bedeutung, die dem Fluss dabei zukam. Neben dem Handel und der Kolonialpolitik werden hier auch Einzelschicksale von Kontraktarbeitern und Seefahrern beleuchtet.

In den **Southeast Asia Galleries** (Galerien 3, 4 und 4a) wird die Vielfalt der südostasiatischen Kulturen vorgestellt – von den Bergvölkern in den thailändischen, laotischen und vietnamesischen Grenzregionen bis zu den Seefahrern der indonesischen Außeninseln. Neben einer Sammlung von Bronzen und Keramiken der regionalen Hochkulturen finden sich in Galerie 3 auch Kunstgegenstände aus weniger präsenten Regionen wie Borneo oder Nias. Galerie 4 präsentiert südostasiatischen Schmuck und Textilien in vielseitiger Form und Beschaffenheit, während die Galerie 4a den darstellenden Künsten gewidmet ist.

Im Fokus der **West Asia Gallery** (Galerien 5 und 5a) stehen islamische Kulturen. Neben der Koran-Kalligrafie wird in Galerie 5 die Entwicklung der islamischen Architektur veranschaulicht. Galerie 5a beschäftigt sich mit den Entdeckungen islamischer Gelehrter, wie der Astrologie oder Mathematik.

In der **China Gallery** (Galerie 6) wird verfolgt, welchen Einfluss das Reich der Mitte hatte. Neben schönem chinesischem Porzellan aus der Ming-Dynastie finden sich in der beeindruckenden Sammlung königliche Roben und delikat gezeichnete klassische Gemälde.

Die **South Asia Gallery** (Galerien 7 und 8) bietet einen Überblick über die indischen Kulturen. Es werden hinduistische und buddhistische Artefakte sowie verschiedene wissenschaftliche Erkenntnisse präsentiert.

Wechselausstellungen ergänzen die Dauerausstellung des Museums.

Nach dem Rundgang können Sie sich im museumseigenen **Café** stärken oder im **Museum Shop By Banyan Tree** Andenken erstehen. Der Shop hält eine große Auswahl geschmackvoller, wenngleich ziemlich teurer Geschenke bereit – viele inspiriert von den Ausstellungsgegenständen im Museum.

Peranakan-Museum 2

In der Old Tao Nan School, einer stilvoll restaurierten, blendend weißen Villa in der Armenian Street, ungefähr 800 m nordwestlich des Asian Civilisations Museums, ist das gleichermaßen informative wie unterhaltsame Peranakan Museum beheimatet. Auf drei Stockwerken wird hier ausschließlich die **Volksgruppe der Peranakan** beleuchtet, eine chinesisch-malaiische Mischkultur, die in den ehemaligen britischen Straits Settlements Singapur, Penang und Melaka entstand. Die frühen chinesischen Einwanderer entwickelten weit entfernt von ihrer Heimat einen ganz eigenen Lebensstil, der sich u. a. in einer eigenen Mischsprache, Kleidung und neuen kulinarischen Kreationen äußerte.

Die insgesamt zehn Galerien umfassen aufschlussreiche Darstellungen der

33

2 | Die Völkerkundemuseen

Traditionen, Feste und Zeremonien der Peranakan. Im Erdgeschoss ist die erste Galerie untergebracht, die die historischen Anfänge der Mischkultur beleuchtet. In den vier Galerien im ersten Stock liegt der Schwerpunkt auf den komplexen Hochzeitsritualen.

Im obersten Stockwerk widmen sich fünf weitere Galerien den Themen Frauen, Religion, öffentliches Leben, Essen und Feste sowie Konversation.

Daneben sind zwei weitere Galerien für verschiedene Sonderausstellungen reserviert.

Infos

Asian Civilisations Museum [1]: 1 Empress Place, Tel. 63 32 77 98, www. acm.org.sg, MRT Raffles Place, Mo 13–19, Di, Do und Sa/So 9–19, Fr bis 21 Uhr, Eintritt S$ 5, Kinder und Senioren sowie für alle Fr 19–21 Uhr S$ 2,50, Führungen auf Englisch Mo 14, Di–Fr 11 und 14, Sa/So 11, 14 und 15 Uhr.
Peranakan Museum [2]: 39 Armenian Street, Tel. 63 32 75 91, www.pera nakanmuseum.sg, MRT City Hall, Mo 13–19, Di–So 9.30–19, Fr bis 21 Uhr, Eintritt S$ 6, Kinder und Senioren sowie für alle Fr 19–21 Uhr S$ 3.

Essen und Trinken

Wer nach einem Besuch der Museen die schmackhafte Peranakan-Küche ausprobieren möchte, ist im wunderschönen, aber teuren **True Blue Cuisine** [1] genau richtig (47/49 Armenian Street, Tel. 64 40 04 49, www.truebluecuisine.com, MRT City Hall, tgl. 11.30–14.30 und 18–21.30 Uhr).

Lohnend in der Umgebung

Die **Armenian Church** [3] (Hill Street, Ecke Coleman Street, armeniansinasia. org, MRT City Hall, tgl. 9–18 Uhr), die älteste christliche Kirche Singapurs, bietet sich als ein interessanter Zwischenstopp an. Der britische Kolonialbeamte George Drumgoole Coleman entwarf viele der historischen Gebäude Singapurs, aber diese Kirche im neoklassizistischen Stil gilt als sein Meisterwerk. Sie wurde 1835 von der damals winzigen, aber wohlhabenden armenischen Gemeinde finanziert und St. Gregor, dem ersten Patriarchen der armenisch-christlichen Kirche, geweiht. Heute werden dort keine Gottesdienste mehr abgehalten.

3 | Das wiederentdeckte Herz der Stadt – Chinatown

Karte: ▶ D 9/10 | **Anfahrt:** MRT: Chinatown

Beim Rundgang durch die interessantesten Straßen dieses Viertels können Sie in die Geschichte und Kultur der chinesischstämmigen Bevölkerung eintauchen und die eine oder andere exotische Köstlichkeit probieren. Dabei stößt man überraschenderweise sowohl auf buddhistische und hinduistische Tempel als auch auf Moscheen.

Etwa drei Viertel der Bewohner Singapurs sind Chinesen – da ist eine Frage berechtigt: Wieso gibt es hier überhaupt eine Chinatown? Ihre Gründung geht auf Raffles zurück. Er ordnete 1823 im neuen britischen Handelsposten verschiedenen Volksgruppen bestimmte Wohnviertel zu, um ethnische Spannungen zu vermeiden.

Nachdem der Großteil der kleinen, zweistöckigen chinesischen Shop Houses in den 1970er- und 1980er-Jahren modernen Büro- und Wohnhochhäusern weichen musste, entwickelte sich in den 1990er-Jahren ein Bewusstsein für die Bedeutung der alten Bausubstanz. Viele der verbliebenen Bauten wurden sorgfältig und mit viel Liebe zum Detail renoviert und erstrahlen heute wieder in kräftigen Farben.

Für einen entspannten Ausflug in diese geschichtsträchtige Gegend sollte ein halber Tag veranschlagt werden. Am besten die Tour am Morgen beginnen und in der Mittagshitze eine Pause im Maxwell Food Centre einlegen. Alternativ zuerst das Chinatown Heritage Centre besuchen und nachmittags, wenn es etwas kühler wird, die Umgebung erkunden.

In trauter Eintracht

Der Spaziergang von der MRT-Station Chinatown durch die Mosque Street führt in den quirligsten Teil des Viertels: Kreta Ayer. Auf der South Bridge Road

3 | Chinatown

Übrigens: In zahlreichen Geschäften werden Begräbnisbeigaben aus Papier oder Pappmaschee für die Ahnen angeboten. Zu haben ist alles, was auch in der Geisterwelt das Leben erleichtert: Handy, iPad, Haus, Auto, Cognac, goldene Kreditkarte und vor allem viel (Papier-) Geld – verbrannt gelangt es in die Welt der toten Seelen.

stehen zwei unübersehbare Gebetsstätten: die **Jamae Chulia Mosque** [1] mit ihren hoch aufragenden, achteckigen Minaretten und der älteste Hindu-Tempel der Stadt, der **Sri Mariamman Temple** [2]. Das wunderschöne Eingangstor des Tempels ist über und über mit bunten Skulpturen der hinduistischen Mythologie bedeckt. Neben Chinesen kamen im Zuge des wirtschaftlichen Aufschwungs der Straits Settlements im 19. Jh. auch Einwanderer vom indischen Subkontinent nach Singapur und errichteten in Chinatown eigene Tempel. Der erste Bau von 1827, eine Hütte aus Holz mit Palmblattdach, wurde 1843 durch einen Backsteinbau ersetzt. Die beste Zeit für einen Besuch ist zum Mittags- oder Abendgebet *(puja)*. Während des Theemidhi Festivals Ende Oktober gehen die Gläubigen hier über Kohlen. Die kleine Pagoda Street rechts neben dem Tempel führt zum Chinatown Heritage Centre.

Die lebendige Geschichte der Einwanderer

Das sehenswerte **Chinatown Heritage Centre** [3] ermöglicht den perfekten Einstieg in die Geschichte des Viertels. Im Museum, das sich über drei der restaurierten alten Shop Houses erstreckt, können Sie gut zwei Stunden verbringen, ohne sich zu langweilen. Hier wird der Weg der Migranten aus China nachgezeichnet, die im 19. und frühen 20. Jh. versuchten, ihr Glück in Singapur zu finden. Mit viel Liebe zum Detail wird vom Elend in den Heimatprovinzen, den Härten der Schiffspassage und dem Versuch, im neuen Land Fuß zu fassen, berichtet. Auch die Versuchungen, denen Neuankömmlinge ausgesetzt waren, werden beleuchtet: Opiumrauchen und Glücksspiel, Prostitution und Secret Societies. Den Goldenen 1950er- und 1960er-Jahren wird ebenfalls Platz eingeräumt: der Periode, in der Chinatown als der Ort galt, an dem der Tag niemals endet.

Ein Prachtbau für einen Zahn Buddhas

Folgen Sie der South Bridge Road einige Hundert Meter Richtung Süden, erreichen Sie den verschachtelten rot-weißen Bau des **Buddha Tooth Relic Temple and Museum** [4]. Dieses beeindruckende neue Gebäude mit blitzblanken Hallen wurde aus privaten Spenden finanziert, um einem Zahn Buddhas einen würdigen Platz zu geben. Die Reliquie wird im 4. Stock in einem imposanten goldenen Schrein aufbewahrt, der von einer Veranda aus tgl. von 9–12 und 15–18 Uhr bestaunt werden kann. Das darunterliegende Buddhist Culture Museum beherbergt eine eindrucksvolle Sammlung buddhistischer Statuen und anderer Kunstwerke aus aller Welt. Ein Restaurant, Teehaus und Dachgarten gehören ebenfalls zur Anlage.

Im Anschluss können sich Hungrige den Angestellten der benachbarten Büros anschließen und im **Maxwell Food Centre** [1] schräg gegenüber zu Mittag essen (s. S. 40). An der Kreuzung Neil und Maxwell Road befand sich früher die Jinriksha Station, der alte ›Rikschabahnhof‹, von dem aus die handgezogenen Rikschas ausschwärmten.

3 | Chinatown

Der Buddha Tooth Relic Temple hütet einen Zahn Buddhas

Club Street damals und heute

Über die Kadayanallur Street geht es nun zum trendigen Winkel der Chinatown: Ann Siang Road und Ann Siang Hill auf einer Anhöhe und **Club Street** 5 um die Ecke. Diese wurde nicht nach den vielen Bars und Clubs benannt, die sich hier neben angesagten Designerboutiquen und Wellness-Studios etabliert haben, sondern nach dem Chinese Entertainment Club von 1891 und anderen Clan-Häusern des 19. Jhs. Sie waren für viele Einwanderer aus China auf der Suche nach Unterkunft und Arbeit die erste Anlaufstelle.

Noch mehr Gotteshäuser

Südlich der Cross Street lebten ursprünglich hauptsächlich Hokkien-Chinesen. Der **Nagore Durgha Shrine** 6 an der Kreuzung Boon Tat Street und Telok Ayer Street wurde in den 1820er-Jahren von Südindern erbaut und später als Moschee genutzt. Er weist eine interessante Mischung aus westlichen und islamischen Baustilen auf.

Der **Thian Hock Keng Temple** 7, ein paar Schritte weiter, ist der Inbegriff eines taoistischen Tempels. Der 1820 erbaute »Tempel der himmlischen Glückseligkeit« stand einst an der Küste. Matrosen und Passagiere der Schiffe aus Südchina dankten hier Ma-Chu-Po, der Schutzpatronin der Seefahrer, für die sichere Überfahrt. Der älteste chinesische Tempel der Stadt ist auch einer der eindrucksvollsten: Die Drachen auf dem Dach symbolisieren das Zusammenspiel der entgegengesetzten Kräfte Ying und Yang. Die Löwen am Eingang und die aufgemalten Türwächter verwehren bösen Geistern den Zutritt. In riesigen Schalen in der Haupthalle verbrennen Gläubige Papiergeld als Opfergabe an ihre Ahnen. Im Vergleich dazu wirkt die in die Häuserfront eingefügte **Al-Abrar Mosque** 8 in der Nähe eher unscheinbar.

Infos

Jamae Chulia Mosque 1: 218 South Bridge Road, www.jamaechulia.sg, Sa–Do 9–12.30 und 14.30–18.30, Fr 9–12.30 und 15.30–18.30 Uhr, Eintritt frei.

3 | Chinatown

Sri Mariamman Temple [2]: 244 South Bridge Road, tgl. 6–12 und 16.30–20.30 Uhr, Eintritt frei, S$ 3 für Fotos, S$ 6 für Videoaufzeichnungen.
Chinatown Heritage Centre [3]: 48 Pagoda Street, www.chinatownheritagecentre.sg, tgl. 9–20 Uhr, letzter Einlass um 19 Uhr, Eintritt S$ 10, Kinder unter 12 Jahren S$ 6.
Buddha Tooth Relic Temple and Museum [4]: 288 South Bridge Road, www.btrts.org.sg, tgl. 7–19 Uhr, Eintritt frei, um eine Spende wird gebeten.
Nagore Durgha Shrine [6]: 140 Telok Ayer Street, MRT Tanjong Pagar, tgl. 6–18 Uhr, Eintritt frei.
Thian Hock Keng Temple [7]: 158 Telok Ayer Street, www.thianhockkeng.com.sg/home.html, MRT Tanjong Pagar, tgl. 7.30–17.30 Uhr, Eintritt frei, um eine Spende wird gebeten.
Al-Abrar Mosque [8]: 192 Telok Ayer Street, MRT Tanjong Pagar, tgl. 6–18 Uhr, Eintritt frei.

Lohnend in der Umgebung

Das **Tea Chapter** [2] (9-11 Neil Rd., www.tea-chapter.com.sg, MRT Outram Park, tgl. 11.30–22.30, Fr/Sa bis 23 Uhr) ist der richtige Ort, um eine traditionelle chinesische Teezeremonie mitzuerleben.

Essen und Trinken

Auch in Chinatown huldigt man den Lieblingsbeschäftigungen der Singapurer: Shopping und Essen. Der **Nachtmarkt** [1] entlang der ›T-Linie‹ von Pagoda Street, Trengganu Street und Sago Street ist vorwiegend auf Touristen zugeschnitten. Im Anschluss an den abendlichen Einkaufsbummel können Sie sich in der **Smith Street** stärken.

In dem kleinen, einfachen Lokal **Lan Zhou La Mian** [3] (19 Smith Street, Tel. 63 27 12 86, tgl. 12–22.30 Uhr) bereitet der Chef Nudeln und Teigtaschen vor den Augen der Gäste zu.

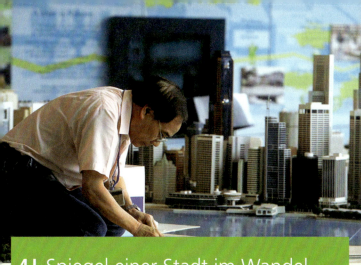

4 | Spiegel einer Stadt im Wandel – die Singapore City Gallery

Karte: ▶ D 10 | **Anfahrt:** MRT: Tanjong Pagar

Es gibt sehr wenige Metropolen in der Welt, die auch nur annähernd mit der Perfektion der Stadtplanung in Singapur mithalten können. Bei einem Besuch der höchst sehenswerten Singapore City Gallery lässt sich die Entwicklung der Metropole bestens nachverfolgen und obendrein der eine oder andere spannende Blick hinter die Kulissen erhaschen.

Singapur hat sich in den letzten 50 Jahren gewandelt wie kaum eine andere Stadt. Seit den 1970er-Jahren ist die Stadtplanung maßgeblich an der Umgestaltung beteiligt. Trotz einer sehr hohen Bevölkerungsdichte streben die Verantwortlichen an, über die ganze Stadt verteilt Grünflächen zu erhalten, nehmen aber in Kauf, traditionelle Wohngebiete zu zerstören. Im Zentrum wie in den Vororten baut man in die Höhe, um möglichst viel Wohn- und Gewerbefläche auf wenig Raum zu schaffen. Im Geschäftszentrum werden Einkaufszentren sogar bis zu vier Stockwerke unter die Erde verlagert.

Die Singapore City Gallery [1]

Die faszinierende Galerie der Stadtplanungsbehörde (Urban Redevelopment Agency) stellt diesen Wandel anschaulich dar. Die Ausstellung schafft es auf spielerische Weise, die Auswirkungen politischer und demografischer Verän-

Übrigens: »In unserer Eile, Singapur umzubauen, haben wir viele alte und malerische Gebäude abgerissen. Dann erkannten wir, dass wir dabei waren, einen kostbaren Teil unseres kulturellen Erbes zu zerstören (…)«, gestand der frühere Premierminister Lee Kuan Yew im März 1995.

4 | Die Singapore City Gallery

derungen auf das Stadtbild zu verdeutlichen, und wartet daneben mit spannenden Fakten und Geschichten am Rande auf.

Eine Vielzahl von Projekten wird interaktiv präsentiert. Informative englischsprachige Schautafeln, beeindruckende Vorher/Nachher-Fotos und interessante Modelle tragen dazu bei, dass Einheimische wie Touristen jeder Altersgruppe die faszinierenden Veränderungen der Stadt nachvollziehen können. Der ›Conservation Plan‹ der URA, der auf die Erhaltung historischer Gebäude abzielt, umfasst immerhin bereits über 6500 Bauten.

Die Ausstellung ist in fünf Themenbereiche gegliedert. Nachdem man sein Wissen über Singapur spielerisch getestet hat, geht es zunächst in das Herz der Stadt. Ein riesiges, überwältigend detailreiches Modell mit allen Gebäuden des Zentrums vermittelt einen Eindruck von der Strategie der Stadtplaner und lässt erahnen, wie das Singapur der Zukunft einmal aussehen soll.

Die nächste Sektion konzentriert sich auf die bewegte Geschichte der Stadt. Auf Schautafeln wird die Entwicklung verschiedener Stadtviertel nachgezeichnet. Interessant ist auch der Teilbereich, der dem Erhalt des architektonischen Erbes gewidmet ist. Hier vermitteln Querschnittmodelle einen guten Eindruck von den verschiedenen traditionellen Baustilen.

Das Highlight der Ausstellung wartet im Obergeschoss: ein 100 m² großes Modell der Insel, das regelmäßig bei einer Light & Sound Show zum Leben erweckt wird.

Für einen Besuch der Singapore City Gallery sollten mindestens 1–2 Stunden eingeplant werden, Interessierte können hier allerdings auch deutlich länger verweilen. Ein kleines Café am Eingang oder das gegenüberliegende Maxwell Food Centre sorgen für Stärkung.

Infos
Singapore City Gallery: 45 Maxwell Road, Tel. 63 21 83 21, www.ura.gov.sg/gallery, MRT Tanjong Pagar, Mo–Sa 9–17 Uhr, Führungen Di und Fr um 11.30 Uhr, Eintritt frei, Führungen S$ 6.

Mittagessen à la Singapur
Das **Maxwell Food Centre** 1 (Maxwell Road, tgl. 11–20.30 Uhr) ist eine Singapurer Institution. Hier kann ohne Bedenken eine Vielzahl an preisgünstigen, höchst authentischen lokalen Gerichten ausprobiert werden. Großer Beliebtheit erfreut sich seit eh und je der Stand von Tian Tian Hainanese Chicken Rice, zu erkennen an der besonders zur Mittagszeit extrem langen Warteschlange. Bei dieser Variante des Chicken Rice wird der Reis übrigens in Hühnerbrühe gekocht und erhält so sein unverwechselbares Aroma. Auch der Stand von Zhen Zhen Pork Porridge ist für die Qualität seiner Spezialität berühmt. Einige weitere Stände bieten exotische chinesische Gerichte, die selten in anderen Food Centres zu haben sind.

5 | Auf den Spuren alter Herrscher – der Fort Canning Park

Karte: ▶ D 7/8 | **Anfahrt:** MRT: Bras Basah oder Dhoby Ghaut

Die grüne Oase inmitten der City mit gepflegten Grünflächen und majestätischen Bäumen ist für Einheimische wie Besucher ein Ort der Entspannung. Auch einige der ältesten Relikte der präkolonialen und kolonialen Vergangenheit finden sich in dem 18 ha großen Park.

Nur zehn Minuten braucht man zu Fuß von der Orchard Road oder vom Clarke Quay hierher. Deshalb erfreut sich der Park besonders bei Angestellten zur Mittagspause großer Beliebtheit. Den größten Teil nimmt der See des Fort Canning Reservoirs ein. Auf den Grünflächen gedeiht eine Vielzahl verschiedener Baumarten; die bei Hindus und Buddhisten heiligen Banyan-Bäume (Würgefeigen) finden sich neben weit ausladenden Regenbäumen *(Samanea saman)*, die von Epiphyten bedeckt sind. Sie sind das Zuhause von Fledermäusen, Eidechsen, Eichhörnchen und vielen Vögeln.

Ein historischer Ort

Für Malaien war der Hügel früher ein *bukit larangang* (»verbotener Hügel«), denn sie glaubten, dass dort der Palast ihrer frühesten Herrscher stand. Auf jeden Fall lagen dort deren Grabstätten. Auf der Cox Terrace, einer Anhöhe hinter dem Standesamt, wurde über dem **Grab von Sultan Iskandar Shah** [1], dem letzten Herrscher des malaiischen Temasek (Singapur) im 14. Jh., ein Pavillon errichtet. Man fand auf dem Hügel zudem javanisches Gold aus derselben Epoche und einen islamischen Schrein.

Das britische Befehlszentrum

Gouverneur Raffles liebte die Aussicht und errichtete hier 1822 seine Residenz, die Mitte des 19. Jh. der militärischen Befestigungsanlage **Fort Canning** [2] weichen musste. Das Fort wur-

5 | Der Fort Canning Park

de 1926 wieder geschlossen, da es seiner militärischen Funktion nicht mehr gerecht wurde. Von dem ehemals imposanten Bau sind nur noch die Tore und ein paar Erdwälle auszumachen.

Die unterirdischen Bunker dienten im Zweiten Weltkrieg den Briten als Far East Command Centre. Hier, 9 m unter der Erde, entschied General Percival am 15.2.1942, vor den Japanern zu kapitulieren. Die Anlage wurde in ein historisches Museum umgewandelt und **The Battle Box** 3 genannt. Animierte Figuren und audiovisuelle Effekte lassen die tragischen Ereignisse am Morgen der Kapitulation wieder lebendig werden. Führungen durch die dunklen Gänge und Räume sind besonders für Jugendliche ein spannendes Erlebnis.

Das sich dem Bunker anschließende **Fort Canning Centre** 4, eine ehemalige Kaserne, beherbergt neben einem Informationszentrum mit Café ein Theater und eine Kochakademie.

Die ältesten Grabsteine

Das **Fort Canning Green** 5 ist Schauplatz vieler Freiluftveranstaltungen und Ort der Entspannung. Außerdem befindet sich hier der älteste christliche Friedhof der Stadt, der noch bis Mitte des 20. Jh. genutzt wurde. Sogar einige deutsche Namen sind darunter, u. a. wurde hier 1904 ein ›kaiserlich-deutscher Generalkonsul‹ beigesetzt. Einige alte Grabsteine finden sich in der Nähe der beiden gotischen Eingangstore. Die frühesten, die vom bereits 1822 aufgegebenen Friedhof auf der Hügelkuppe stammen, sind in die alten Mauern eingelassen, die Fort Canning Green zu beiden Seiten begrenzen.

Infos
The Battle Box: 51 Canning Rise, Tel. 63 33 05 10, www.legendsfortcanning.com/fortcanning/battlebox.htm, MRT Dhoby Ghaut, tgl. 10–18 Uhr, letzter Einl. 17 Uhr, Eintritt S$ 8, Kinder S$ 4.

Essen und Trinken
Im The Legends Fort Canning ist mit **Gattopardo** 1 (11 Canning Walk, Tel. 63 38 54 98, www.gattopardo.com.sg, tgl. 12–15 und 18.30–22.30 Uhr) ein hochklassiger Italiener zu Hause.

Ebenfalls lohnend
Singapore Philatelic Museum: 23–B Coleman Street, Tel. 63 37 38 88, www.spm.org.sg, Mo 13–19, Di–So 9–19 Uhr, Eintritt S$ 6, Kinder S$ 4. In dem hübschen, 1906 erbauten Kolonialbau der früheren Anglo Chinese School ist die umfassendste Sammlung von Briefmarken aus Singapur und den ehemaligen britischen Straits Settlements zu bewundern. Nicht nur für Sammler von Interesse.

6 | Abtauchen in die Geschichte – das National Museum

Karte: ▶ D 7 | **Anfahrt:** MRT: Bras Basah, Exit C

Das National Museum of Singapore ist das beste historische Museum Südostasiens. Hier werden die Geschichte der Insel und die Lebensweisen ihrer Bewohner auf so spannende und mitreißende Weise vorgestellt, dass selbst Museumsmuffel begeistert sein werden.

Wenn Sie sich für die Entwicklung dieses überaus modernen jungen Stadtstaates interessieren, gehört ein Besuch im **National Museum** 1 unbedingt zum Pflichtprogramm. Wie viele andere Museen in Singapur punktet es mit einer Vielzahl von interaktiven Elementen, die die Exponate und historischen Zusammenhänge auch für weniger lesefreudige Besucher erfahrbar machen. So können Sie bei einem Rundgang sogar Dinge riechen, alte Filmaufnahmen betrachten und Zeitzeugen lauschen. Natürlich wird alles auf dem neuesten Stand der Technik und sehr unterhaltsam präsentiert.

Der Museumsbau

An der nordöstlichen Seite des Fort Canning Parks wurde 1887 in dem repräsentativen weißen viktorianischen Gebäude eine Bibliothek mit einem Museum eröffnet. Das ehrwürdige Bauwerk mit einer von einem Kuppeldach gekrönten Rotunde wurde vor einigen Jahren in seinem Inneren komplett umgestaltet und um einen modernen Glas- und-Stahl-Anbau sowie unterirdische Räume erweitert. Neben den sehenswerten Dauerausstellungen finden regelmäßig Sonderausstellungen und Veranstaltungen statt.

Die historische Dauerausstellung

Die Singapore History Gallery zeichnet anhand von persönlichen Geschichten und offiziellen Dokumenten den Wer-

6 | Das National Museum

> **Übrigens:** Für einen Besuch sollten mindestens drei Stunden eingeplant werden, um genug Zeit zu haben, durch die historische Dauerausstellung zu streifen und am Ende die eine oder andere der Living Galleries zu sehen.

degang Singapurs vom 14. Jh. bis heute nach. Dabei fungiert ein im Eintrittspreis inbegriffener Audioguide als nützlicher und höchst informativer Begleiter. Das Gerät führt unterhaltsam und mit vielen Wahlmöglichkeiten durch die Ausstellung. Es ist unmöglich, bei einem Besuch allen Beiträgen zu lauschen. Nachdem man über einen spiralförmig angelegten Gang nach unten in das Innere der Insel Singapur abgetaucht ist, macht ein kurzer Film mit der Entstehungsgeschichte der Stadt vertraut. Anschließend kann einer von zwei Rundgängen ausgewählt werden: Der Events Path konzentriert sich auf wichtige politische und gesellschaftliche Ereignisse, während der Personal Path die Lebensbedingungen der Inselbewohner und Einzelschicksale in den Vordergrund stellt.

Lifestyle als Kulturgut

Die Dauerausstellung der Singapore Living Galleries widmet sich vier Lifestyle-Themen, die bei Einheimischen auf besondere Resonanz stoßen: Food, Fashion, Film und Fotografie. Höchst anschaulich werden hier Exponate aus dem Alltag präsentiert und audiovisuell untermalt. In der Food Gallery wird die Kreativität und Tradition mobiler Essensstände herausgehoben und gezeigt, wie die sich wandelnden Essgewohnheiten die kulturelle Vielfalt und den interkulturellen Austausch Singapurs spiegeln.

Infos

Singapore National Museum: 93 Stamford Road, Tel. 63 32 36 59, www.nationalmuseum.sg, Singapore History Gallery tgl. 10–18 Uhr, Singapore Living Galleries tgl. 10–20 Uhr, Eintritt S$ 10, Kinder und Senioren S$ 5, tgl. 18–20 Uhr freier Eintritt in die Living Galleries. Englischsprachige Führungen durch die historische Ausstellung Mo–Fr 11 und 14 Uhr, Sa/So 11.30, 14 und 15.30 Uhr.

Essen und Trinken

Wen nach der Besichtigung der Hunger packt, der kann im Museum im **Novus Restaurant** (www.novus.sg) speisen.
Nicht weit entfernt gibt es mittags im **Wah Lok Cantonese Restaurant** [1] im 2. Stock des Carlton Hotels (76 Bras Basah Road, Tel. 63 11 81 88, www.carlton.com.sg/wahlok.html, tgl. 11.30–14.30 und 18.30–22.30 Uhr) exzellente Dim Sum zu moderaten Preisen. Auch andere schmackhafte Gerichte, z. B. die in geraspelte Kartoffeln eingehüllten frittierten Garnelen sind zu empfehlen.

7 | Wo Singapurer am liebsten shoppen – die Orchard Road

Karte: ▶ A–D 5/6 | **Anfahrt:** MRT: Dhoby Ghaut oder Orchard

In der Orchard Road, der längsten und beliebtesten Einkaufsmeile, reiht sich ein glitzernder Konsumpalast an den nächsten. Schließen Sie sich den Einheimischen bei ihrer liebsten Freizeitbeschäftigung an und bummeln Sie mit ihnen über den Boulevard. Dabei können Sie zudem das eine oder andere Mitbringsel erstehen.

Neben Essen ist Einkaufen mit Sicherheit die zweite große Leidenschaft der Inselbewohner. An Samstagnachmittagen und sonntags sind die Shoppingcenter und breiten Gehwege brechend voll, denn die Menschen nutzen ihre knapp bemessene Freizeit, um ihren Hobbys zu frönen. Das Motto ›Shop 'til you drop‹ kann bei der überwältigenden Auswahl an Konsumgütern durchaus wörtlich genommen werden. Nehmen Sie sich für einen gemütlichen Bummel entlang der Einkaufsmeile einen halben Tag Zeit.

Ein breit gefächertes Angebot

Viele der großen Gebäudekomplexe sind weit mehr als klimatisierte Einkaufsbunker. Besucher können hier problemlos Stunden mit Stöbern, Shoppen, Schlemmen oder bloßem Schauen verbringen. Das Angebot der Läden, Cafés und anderer Lokale sowie das allgemeine Ambiente einiger Einkaufszentren ist auf eine bestimmte Zielgruppe ausgerichtet, ist hip oder schick, sportlich oder familienorientiert. Bei einem tropischen Wolkenbruch kann man zudem in eines der modernen, bequemen Multiplexkinos flüchten und einen englischsprachigen Film anschauen.

Wo der Präsident wohnt

Ein guter Ausgangspunkt für die Erkundung der Orchard Road ist die MRT-Station Dhoby Ghaut, die ihren Namen den

45

7 | Die Orchard Road

indischen Waschmännern verdankt, die vor mehr als hundert Jahren Wäsche (*dhoby*) im Stamford-Kanal wuschen. Beiderseits der Station liegen bereits die ersten Shoppingcenter. Während die **Park Mall** 1 auf Möbel und Inneneinrichtung spezialisiert ist, präsentiert sich die **Plaza Singapura** 2 auf der gegenüberliegenden Seite als Einkaufszentrum für die ganze Familie.

Dahinter liegt inmitten ausgedehnter Parkanlagen der **Palast (Istana)** 1, einst Residenz der Gouverneure und nun Wohnsitz des Präsidenten. Sollten Sie zufällig an einem Tag der offenen Tür in Singapur sein, können Sie sich in die Warteschlange einreihen. Am Eingang muss nur der Reisepass vorgezeigt werden.

Open-Air-Vergnügungsinsel

Am **Peranakan Place** und in der angrenzenden Emerald Hill Street befand sich zur Zeit der britischen Kolonialherrschaft eine Muskatnussplantage, die Ende des 19. Jh. parzelliert und verkauft wurde. Anfang der 1990er-Jahre wurde dieser kleine Bereich des Viertels Emerald Hill zur Fußgängerzone und im Rahmen der Stadtsanierung liebevoll instand gesetzt. Nun herrscht in den kleinen Kneipen, Bars und Restaurants von nachmittags bis spät in die Nacht ein reges Treiben. Einige sind bei jungen kreativen Singapurern beliebt, während andere eher Ausländer anziehen.

Zwei innovative Konsumtempel

Schräg gegenüber locken zwei der neuesten Konsumtempel der Orchard Road. Im architektonisch eigenwillig anmutenden **Orchard Central** 3 strebt alles in die Höhe. Auf 12 Stockwerken buhlen weit mehr als 300 Läden um Kundschaft. Zudem gibt es eine 30 m hohe Kletterwand, einen elegant gestalteten Dachgarten mit Orchideen, hängenden Gärten und edlen Freiluftrestaurants sowie einer Vielzahl moderner Kunstwerke. Dank der Beleuchtungsinstallationen des bekannten einheimischen Künstlers Matthew Ngui sieht das Orchard Central besonders nach Einbruch der Dunkelheit höchst spektakulär aus.

Unter dem beeindruckend verglasten Bau des angrenzenden **313@Somerset** 4 liegt die MRT-Station Somerset. Wer hier hungrig aussteigt, hat eine sehr gute Auswahl an Essensmöglichkeiten im Erdgeschoss und in der Food Republic mit Dachgarten im fünften Stock. Daneben laden zahlreiche Bekleidungs- und Lifestyle-Läden zum Stöbern ein.

Luxus pur: ein Reigen edler Designer

Alles, was in der Welt der Luxusartikel Rang und Namen hat, präsentiert sich auf diesem Abschnitt der Orchard Road – von Cartier über Fendi, Jimmy Choo und Gucci bis zu Louis Vuitton und Prada. **The Heeren** 5 in der mittleren Orchard Road ist ebenso wie das gegenüberliegende **Cathay Cineleisure Orchard** 6 ein beliebter Treffpunkt trendiger Singapurer. Boutiquen exklusiver Designer-Labels finden sich vermehrt in der **Mandarin Gallery** 7, im **Paragon** 8 und im **Ngee Ann City** 9, einem riesigen Gebäude mit einer weinrot schimmernden Fassade. Die dortige Filiale der Buchhandelskette Kinokuniya hält ein riesiges Angebot englischsprachiger Bücher bereit. Auf der Civic Plaza vor dem zurückversetzten Eingang der Ngee Ann City treten oft Musiker oder Straßenkünstler auf. Fußgängerunterführungen verbinden das Einkaufszentrum mit dem Paragon schräg gegenüber und dem benachbarten Wisma Atria.

7 | Die Orchard Road

Orchard Road – die längste Konsummeile der Stadt

Eine günstige Ausnahme und der neueste Luxus

Das **Lucky Plaza** 10 neben dem Paragon wirkt mit seiner Vielzahl von kleinen, günstigen Kramläden geradezu erfrischend inmitten der ganzen modernen, edlen Glaspaläste. Als es 1978 eröffnet wurde, war es das erste Einkaufszentrum mit Rolltreppen und verglasten Aufzügen in ganz Südostasien.

Schräg gegenüber residiert der neueste Konsumpalast der Orchard Road: das **ION Orchard** 11, ein riesiges, mit viel geschwungenem Stahl und Glas futuristisch gestaltetes Einkaufszentrum, das 335 Läden beherbergt. Dabei liegen die Hälfte der acht Stockwerke unter und die andere Hälfte über der Erde. Richten Sie sich hier nach einer einfachen Faustregel: Je höher das Stockwerk, desto höher die Preise. Im 4. Obergeschoss lohnt neben schicken Boutiquen und Restaurants auch das edle Three Sixty Marketplace, das Delikatessen aus aller Welt verkauft. Ganz unten findet sich ein riesiges Angebot an asiatischen Essensständen mit einem deutlich günstigeren Angebot. Vom futuristischen Hochhausturm des ION kann man aus 218 m Höhe vom **ION Sky** über die Innenstadt blicken.

Das westliche Ende der Orchard Road

Auf den letzten 500 m der Prachtstraße drängen sich das exklusive **Wheelock Place** 12 mit seinem Glaskegel-Dach, die Liat Towers, das in die Jahre gekommene Far East Shopping Centre, das Hilton mit seiner exklusiven Shopping Mall und das Forum The Shopping Mall, ein Spezialist für Kindersachen.

47

7 | Die Orchard Road

Jenseits der Straße Claymore Hill wird die alte Villa der **Thai-Botschaft** 2 in einem weitläufigen Garten zunehmend von Hochhäusern bedrängt und wirkt wie ein Abgesang auf eine vergangene Zeit. Schon bald macht die Straße einen Knick und heißt nun Tanglin Road. Hier liegen zwei weitere Einkaufspaläste: das Tanglin Shopping Centre und die Tanglin Mall, beide edel und luxuriös. Erschöpft vom Kaufrausch? Der sehenswerte Botanische Garten (s. S. 78) ganz in der Nähe ist ein lohnendes Ziel für den Rest des Tages.

Öffnungszeiten
Die großen Einkaufszentren öffnen tgl. 10–22 Uhr, manche schließen auch erst um 23 Uhr. Allerdings heißt das nicht, dass alle Läden in den Malls genauso lange auf haben, manche machen schon um 20 Uhr zu.

Infos
Das zentral gelegene und sehr hilfreiche **Singapore Visitors Centre @ Orchard** (Tel. 1800 736 20 00, www.yoursingapore.com, MRT Orchard, tgl. 9.30–22.30 Uhr) gibt neben Stadtplänen und Einkaufstipps auch Auskunft über Ausflugsmöglichkeiten abseits der Shopping Malls.

Essen und Trinken
Tipps zum Einkehren gibt es eigentlich nicht, denn hier kann man überall gut essen.

Food Courts mit vielen Essenständen finden sich u. a. im ION Orchard, 313@Somerset, Orchard Central, Ngee Ann City und in der Tanglin Mall.

Aussichtspunkt
ION Sky: Eingang im 4. Stock, 2 Orchard Turn, Tel. 62 38 82 28, ionsky.com.sg, MRT Orchard, tgl. 10–20 Uhr, Eintritt S$ 16, Kinder S$ 8.

Für einen kultivierten Absacker
In der gemütlichen **Acid Bar** 1 im Peranakan Place (180 Orchard Road, Tel. 67 38 88 28, www.peranakanplace.com, MRT Somerset, So–Do 17–2, Fr und Sa bis 3, Happy Hour tgl. 17–21 Uhr) gibt es jeden Abend gute Livemusik junger einheimischer Künstler. Die Getränkepreise bewegen sich auf dem typisch hohen Niveau, es gibt aber günstigere Angebote zur Happy Hour.

8 | Saris, Currys, Muezzins und Mantras – Little India

Karte: ▶ E/F 4/5 | **Anfahrt:** MRT: Little India oder Farrer Park

Bei einem Spaziergang durch die Gassen und Märkte von Little India werden Sie von den exotischen Gerüchen, Farben und Tönen des Viertels schier überwältigt. Der Weg führt vorbei an hinduistischen und buddhistischen Tempeln, Moscheen und Geschäften mit farbenfrohen Auslagen sowie nach Curry duftenden Restaurants.

Singapur ist zwar unverkennbar chinesisch geprägt, aber seine Minderheiten gehören seit jeher zum multikulturellen Mosaik der Inselrepublik. Keine fällt dabei stärker ins Auge als die indische Minderheit, obwohl sie zahlenmäßig nicht die größte ist. Das kleine Viertel, das Raffles ursprünglich den Indern zugewiesen hatte, bildet nach wie vor das Zentrum ihres Lebens. Besonders entlang der Hauptschlagader, der **Serangoon Road**, und in den angrenzenden Nebenstraßen konzentrieren sich zahlreiche typisch indische Geschäfte, Restaurants und Tempel.

Für einen entspannten Ausflug sollten mindestens drei Stunden Zeit eingeplant werden, um ohne Hast in das indische Singapur einzutauchen. Bei der Planung sollten die Öffnungszeiten der Tempel beachtet werden.

Ein Fest für die Sinne

Little India ist deutlich überschaubarer als Chinatown und bietet kaum Sehenswürdigkeiten im klassischen Sinne. Sein Reiz besteht vielmehr aus einem Kaleidoskop an Farben, Tönen und Gerüchen, die das bunte Straßenleben auszeichnen. Am besten ist es, sich einfach treiben zu lassen. An einem Gewürzstand kann man sich die Currymischungen erklären lassen und mit einigen Gewürzpäckchen in der Tasche weiterschlendern. Schauen Sie den Betelnussverkäufern zu, wie sie *paan* – die

8 | Little India

> **Übrigens:** Die zahlreichen Juweliergeschäfte in der Serangoon Road begeistern mit prächtigen, über und über verzierten goldenen Colliers, Arm-, Fußreifen, Ohr- und Nasenringen. Der Schmuck wird traditionell als Mitgift gekauft und dient der Frau als goldene Reserve für schlechte Zeiten.

zum Genuss bereite Betelnussmischung – in Palmblätter wickeln. Stöbern Sie in Stoff- und Textiliengeschäften und bestaunen Sie die riesengroßen funkelnden Goldcolliers in den Auslagen der Juweliergeschäfte.

Am Wochenende, besonders sonntags, herrscht großer Andrang. Dann gesellen sich zu den Einheimischen zahlreiche Gastarbeiter vom Subkontinent, die hier ihren freien Tag verbringen.

Basare und Straßenleben wie in Indien

Gleich um die Ecke von der MRT-Station Little India landen Sie mitten im Gewusel des **Zhu Jiao Centre** (auch Tekka Centre genannt) **1**, eines mehrstöckigen Markts mit Food Centre. Auf dem farbenfrohen Textilmarkt im ersten Stock findet sich vielleicht ein passendes exotisches Kleidungsstück.

Jenseits der Serangoon Road erhebt sich an der Sungai Road das moderne Pendant, das klimatisierte Einkaufszentrum **The Verge** (auch: Tekka Mall) **2**. In vielen Seitenstraßen geht das Leben seit Jahrzehnten seinen althergebrachten Gang: Der Geruch von Räucherstäbchen liegt in der Luft, aus Lautsprechern plärren die neuesten Bollywood-Hits oder uralte Mantras. Kramlädchen verkaufen glitzernde Armreifen, Zigaretten, Poster indischer Filmstars und Hindu-Gottheiten sowie Zeitschriften in exotischer Schrift. In der indischen Version der Tante-Emma-Läden stapeln sich Lebensmittel und Waren des täglichen Bedarfs, während daneben ein Girlandenverkäufer seine Blumen zusammensteckt und ein Barbier die Schnauzbärte seiner Kunden pflegt. Im nächsten Laden hängen bunte Saris, Seidenschals und Stoffe.

Eine Moschee mit Sonnenuhr

Jenseits der Perak Road steht in der Dunlop Street die **Abdul Ghaffoor Mosque 1**, ein mit vielen Details ungewöhnlich reich verziertes Gebäude. Die Moschee ist in Little India keinesfalls fehl am Platz, denn eine nicht unbedeutende Minderheit der Inder Singapurs bekennt sich zum Islam. 1881 wurde an dieser Stelle bereits der erste Gebetsraum aus Holz errichtet, der 1907 durch den heutigen Steinbau ersetzt wurde. Bemerkenswert sind die mit farbigem Glas verzierte große Kuppel und die Sonnenuhr am Eingang, deren 25 Sonnenstrahlen die Namen von 25 Propheten tragen.

Der beliebteste Hindu-Tempel

Von weitem schon ist das hoch aufragende, von leuchtend bunten Skulpturen bedeckte Eingangsturm *(gopuram)* des Tempels an der Ecke Veerasamy und Serangoon Road zu sehen. Der **Sri Veeramakaliamman Temple 2** ist einer der eindrucksvollsten Hindu-Tempel der Stadt. Geweiht ist er Kali, der schwarzen Göttin der Zerstörung und Erneuerung. Die gruselige Statue der Gemahlin Shivas, die blutverschmierte Zähne hat und um den Hals eine Girlande aus Totenschädeln trägt, soll Furcht vertreiben. Neben ihr stehen Shivas Söhne Ganesha, der Gott mit dem Elefantenhaupt, und Murugan.

An den äußeren Tempelmauern befinden sich Schreine, die anderen Gottheiten geweiht sind.

8 | Little India

Gläubige folgen beim Eintreten bestimmten Ritualen: Sie läuten eine der Glocken an der Eingangstür und zerbrechen eine Kokosnuss als Symbol ihrer seelischen Reinheit. Es soll Glück bringen, eine ungerade Zahl von Runden im Uhrzeigersinn um das innere Heiligtum zu gehen. An den als heilig geltenden Tagen Dienstag und Freitag kommen viele Gläubige in den Tempel, um zu beten, ein Opfer darzubringen und Kali um Beistand zu bitten.

Alles unter einem Dach

In der Syed Alwi Road, die schräg gegenüber der unspektakulären Angullia Mosque von der Serangoon Road abgeht, lockt Singapurs erstes rund um die Uhr geöffnetes Einkaufszentrum. Beim **Mustafa Centre** 3 handelt es sich um einen über sechs Stockwerke verteilten Basar, der bei asiatischen Touristen und Schnäppchenjägern beliebt ist und ein gigantisches Warenangebot zu äußerst günstigen Preisen parat hält.

Die Religionen Asiens auf engstem Raum

Bevor Sie schließlich an der Station Farrer Park wieder in die MRT steigen, bietet sich der Besuch einiger Tempel in der Umgebung an.

Der hinduistische **Sri Srinivasa Perumal Temple** 3 an der Ecke Perumal und Serangoon Road ist Vishnu in der Form von Perumal gewidmet, einer seiner tausend Inkarnationen. Die Skulpturen, die den 20 m hohen Eingangsturm *(gopuram)* über und über bedecken, stellen ihn in neun Inkarnationen dar. Beim Thaipusam-Fest beginnt hier die große, beeindruckende Prozession (s. S. 18).

Der alte chinesische **Leong San See Buddhist Temple** 4 in der Race Course Road wird wegen der wundervoll detailreichen Drachenfiguren aus Ton auf seinem Dach auch Dragon Mountain Temple genannt. In der Haupthalle befinden sich Statuen von Kuan Yin, der Göttin der Barmherzigkeit, und Buddha.

In Little India ist die Auswahl an farbenfrohen Saris naturgemäß groß

8 | Little India

Der **Temple of 1000 Lights** (Sakaya Muni Buddha Gaya) **5** schräg gegenüber ist hingegen ein Tempel des Theravada-Buddhismus im Stil eines thailändischen Wat. Das Herzstück des Tempels bildet eine 15 Meter hohe und 300 Tonnen schwere, bemalte Statue eines sitzenden Buddha Shakyamuni, umrahmt von zahllosen kleinen Glühlämpchen, die dem Tempel seinen Namen gaben. Das Fresko an der Basis der Statue zeigt Szenen aus dem Leben des historischen Buddha.

Der Tempel wurde 1927 eigenhändig von einem thailändischen Mönch errichtet.

Zum Vesak-Feiertag (s. S. 18) strömen Scharen von Gläubigen zum Tempel, um die Statue mit Blattgold zu bedecken. Am Ende des Tages funkelt der Buddha dann mit der Strahlkraft puren Goldes.

Infos

Abdul Ghaffoor Mosque **1**: 41 Dunlop Street, MRT Little India o. Bugis, tgl. 9–13, 14–17 und 18–19 Uhr.
Sri Veeramakaliamman Temple **2**: 141 Serangoon Road, MRT Little India, www.sriveeramakaliamman.com, tgl. 6.30–12, 17–21 Uhr.
Sri Srinivasa Perumal Temple **3**: 397 Serangoon Road, MRT Farrer Park, tgl. 6.30–12.30, 17–21 Uhr.
Leong San See Buddhist Temple **4**: 371 Race Course Road, MRT Farrer Park, tgl. 6–18 Uhr.
Temple of 1000 Lights (Sakaya Muni Buddha Gaya) **5**: 366 Race Course Road, MRT Farrer Park, tgl. 8–16.45 Uhr.

Einkaufen

Zhu Jiao Centre (Tekka Centre) **1**: 665 Buffalo Road, tgl. 6.30 – 21 Uhr.
The Verge (Tekka Mall) **2**: 2 Serangoon Road, tgl. 7–22.30 Uhr.
Mustafa Centre **3**: 145 Syed Alwi Road, www.mustafa.com.sg, 24 Std.

Essen und Trinken

Die größte Auswahl zum Mittag- oder Abendessen findet sich entlang der Chandler Road und Race Course Road.

Besonders exotisch muten die Banana Leaf Restaurants an, in denen Currygerichte auf Bananenblättern serviert werden und die Gäste mit den Händen essen – genauer: mit der rechten Hand (denn die linke gilt als unrein). Empfehlenswert ist das bereits seit 1974 bestehende **Banana Leaf Apolo** **1** (54 Race Course Road, Tel. 62 93 86 82, www.thebananaleaf apolo.com, MRT Little India, tgl. 10.30–22.30 Uhr). Das große Restaurant ist für sein Fish Head Curry stadtbekannt. Auch das saftige Tandoori Chicken und die würzigen Chili Prawns erfreuen sich großer Beliebtheit. Mittags sind günstige Menüs *(meals)* im Angebot.

9 | Ein malaiisches Dorf in der Metropole – Kampong Glam

Karte: ▶ F/G 6 | **Anfahrt:** MRT: Bugis

Im traditionellen Viertel der Muslime stoßen Besucher auf die größte Moschee Singapurs und haben die Möglichkeit, bei einem arabischen Pfefferminztee in einem Café zu entspannen.

Im Vergleich zu Little India ist Kampong Glam, das Viertel der muslimischen Malaien, etwas weniger farbenfroh und geschäftig. Eine Ausnahme bilden die Arab Street, Baghdad Street und Bussorah Street. Sie sind vollgestopft mit Läden, die Textilien in leuchtenden Farben, geflochtene Korbwaren, Lederprodukte, Haushaltsgeräte, Halbedelsteine, aromatische Öle und dergleichen zum Verkauf anbieten. Die recht touristische Gegend um die **Bussorah Street** [1] wurde zu einer Fußgängerzone ausgebaut und beheimatet beliebte Straßencafés und Restaurants. Das Leben verläuft hier in beschaulichen, fast schon ländlichen Bahnen, und regelmäßig schallt von der großen Sultan-Moschee der Ruf zum Gebet herüber.

Bewegte Geschichte

Als Raffles im neuen Handelsposten 1823 für verschiedene Bevölkerungsgruppen getrennte Wohnviertel schuf, wies er den malaiischen Muslimen das Gebiet in der Nähe des malaiischen Dorfes Kampong Glam zu. Bald ließen sich hier auch arabische Händler nieder, nach denen noch heute einige Straßen benannt sind. Heutzutage wohnen größtenteils muslimische Inder, Araber und Malaien in diesem Stadtviertel.

Die schönste Moschee Singapurs

Die mächtige **Sultan Mosque** [2] erhebt sich über die alten Ladenhäuser der Umgebung. Sie wurde 1825 in Folge des Vertragsabschlusses von Sir Stamford Raffles mit dem Sultan von Johor erbaut und 100 Jahre später

53

9 | Kampong Glam

> **Übrigens:** Während des Ramadan lohnt ein Besuch der Bussorah Street bei Sonnenuntergang. Dann verkaufen zahlreiche Stände Leckereien und die Stimmung während des ersehnten Fastenbrechens hat etwas Feierliches.

durch den heutigen prächtigen Bau mit einem goldenen Kuppeldach ersetzt. Die Moschee bietet Platz für 5000 Gläubige und ist somit die größte und wichtigste des Stadtstaats.

Orientalischer Lebensstil

Viele Singapurer kommen aus anderen Stadtteilen nach Kampong Glam, um abends in den gemütlichen Cafés in der Bussorah und Kandahar Street libanesisch, türkisch oder ägyptisch zu essen, einen starken Kaffee zu schlürfen oder eine *sheesha* (Wasserpfeife) zu rauchen. Bei einem Zwischenstopp in einem dieser Straßenrestaurants können Sie sich mit einem frischen Pfefferminztee oder einer deftigen Hauptspeise stärken und das bunte Treiben beobachten.

Infos

Sultan Mosque: North Bridge Road, tgl. 9–16 Uhr, nicht zugängl. während der Gebetszeit Fr 11.30–14.30 Uhr.

Essen und Trinken

Bereits Generationen von Singapurern haben in dem über 100 Jahre alten und immer noch sehr geschäftigen muslimisch-indischen **Zam Zam Restaurant** 1 (697 North Bridge Road, Ecke Arab Street, Tel. 62 98 63 20, tgl. 8–23 Uhr) die Spezialität des Hauses verzehrt. Hier gibt es die angeblich besten Murtabak-Pfannkuchen der

Stadt. Das Nasi Bryani (gewürzter Reis mit Hühnchen oder Lamm) ist ebenfalls lecker. Alle Gerichte sind überaus preiswert, sodass man hier bereits für unter S$ 10 eine komplette Mahlzeit bekommt.

Das auf die scharfe Padang Küche Sumatras (Indonesien) spezialisierte **Warong Nasi Pariaman** 2 (738 North Bridge Road, Tel. 62 92 59 58, Mo–Sa 7.30–14.30 Uhr) erfreut sich schon seit 1948 großer Beliebtheit. Die günstigen Gerichte liegen rot und gelb leuchtend in verschiedenen Schälchen und werden kalt mit viel Reis serviert. Bezahlt wird, was gegessen wurde. Um eines der beliebten *ayam bakar* (frittiertes Hühnchen) zu ergattern sollten Sie vor 12 Uhr vorbeischauen.

Eine Alternative für Freunde der türkischen Küche ist das kleine, aber feine **Alaturka Mediterranean & Turkish Restaurant** 3 (16 Bussorah Road, Ecke Baghdad Street, Tel. 62 94 03 04, tgl. 11–23 Uhr). Zu etwas höheren Preisen gibt es in dem mit handbemalten türkischen Fliesen dekorierten Restaurant Musaka, Köfte, Kebab und eine ganze Reihe anderer anatolischer Spezialitäten.

10 | Das neue Singapur – rund um die Marina Bay

Karte: ▶ G 8 | **Anfahrt:** MRT: Esplanade

Rund um die Marina Bay ist in den letzten Jahren ein neues, prunkvolles Stadtviertel aus dem Boden gestampft worden. Es beeindruckt nicht nur mit futuristischer Hochglanzarchitektur, sondern bietet Besuchern auch einige attraktive Rückzugsorte.

Singapur ist eine Stadt der Superlative. Dies äußert sich auch in zahlreichen extrem aufwendigen Vorhaben, mit denen die begrenzte Inselfläche kontinuierlich erweitert wird. Das Viertel um die **Marina Bay** entstand in den letzten Jahren komplett auf aufgeschüttetem Land. Während das altehrwürdige Raffles Hotel früher an der Küste lag, steht es nun nach wie vor an der Beach Road aber mitten in der Stadt. Wenn Sie einen ausführlichen Eindruck des hypermodernen, am Reißbrett entstandenen Viertels bekommen möchten, sollten Sie einen halben Tag einplanen.

Marina Centre/Suntec City

Schon einen Block östlich der Beach Road liegen auf aufgeschüttetem Boden drei große Einkaufszentren, vier Luxushotels, ein Messezentrum und die hoch aufragenden Bürogebäude der Suntec Towers. Inmitten dieser Hochhauskomplexe sprudelt der angeblich weltweit größte Brunnen, der Fountain of Wealth (s. S. 72). Entlang der Uferpromenade reihen sich zahlreiche Restaurants und Bars sowie **The Float @ Marina Bay** [1], die größte schwimmende Bühne weltweit mit 30 000 Plätzen (s. S. 109), und das Kulturzentrum **Esplanade – Theatres on the Bay** [2] (s. S. 109).

Eine Fahrt in luftige Höhen

Am südöstlichen Zipfel von Marina Centre erhebt sich jenseits des East Coast Parkway der imposante, 165 m hohe **Singapore Flyer** [3]. Das 240 Millionen Singapur-Dollar teure Riesenrad wurde im Jahre 2008 nach dem Vorbild

10 | Rund um die Marina Bay

des London Eye eröffnet, überragt dieses aber um ganze 30 m.

Die 28 modernen Gondeln können jeweils bis zu 28 Menschen befördern. Bei einer halbstündigen Rundfahrt liegt Ihnen die Stadt zu Füßen. Die atemberaubende Rundumsicht zeigt die Quellen des Wohlstands: in der einen Richtung die Hochhäuser des Bankenviertels und die neu entwickelte Marina Bay South mit ihrem riesigen Kasino und in der anderen die winzig wirkenden Kolonialbauten des Padang und die Innenstadt entlang des Singapore Rivers. Auch die kleine Merlion-Statue und die Kräne des vollautomatisierten Containerhafens von Tanjong Pagar weiter südwestlich sind gut zu erkennen. Besonders zum Sonnenuntergang kreiert das sich in den Glas- und Edelstahlfassaden spiegelnde Licht eine magische Atmosphäre, bei Regen hingegen ist die Fahrt weniger interessant.

Hinter dem Riesenrad startet Ende September das spektakuläre alljährliche Formel-1-Nachtrennen von Singapur.

Die Bucht als Wasserreservoir

Die sehenswerte **Helix-Fußgängerbrücke** 4, eine dynamisch geschwungene, der menschlichen DNA nachempfundene Röhre aus Glas und Stahl, führt hinüber nach Marina Bay South. Zum Meer hin wird das Wasser der Marina Bay gestaut und bildet das Marina Basin, ein Wasserreservoir für die durstige Stadt, das gleichzeitig als Hochwasserschutz und Erholungsgebiet dient. Das Gebäude der **Marina Barrage** 5 punktet mit der **Sustainable Singapore Gallery** 6, die unter einem begrünten Dach über die ökologisch nachhaltige Stadtplanung informiert.

Das jüngste Aushängeschild

Die Marina Bay South wird weithin sichtbar vom imposanten Bau der **Marina Bay Sands** 7 dominiert. Die drei eleganten Hochhäuser verbindet in 191 m Höhe der **SkyPark,** ein riesiger, spektakulärer Dachgarten mit einem Hotelgästen vorbehaltenen Pool, Edel-Restaurants, einer Luxuslounge (s. S. 108) und der Aussichtsplattform. Die Wolkenkratzer bieten neben den erstklassigen Zimmern im größten Hotel der Stadt auch Platz für eine exquisite Lifestyle-Shoppingmall mit Schlittschuhbahn und beeindruckendem gläsernem Regentrichter, Restaurants, Bars, Clubs und einem gigantischen **Kasino** (ein zweites befindet sich auf Sentosa). Ausländische Besucher über 21 Jahren dürfen rund um die Uhr spielen, während Einheimische S$ 100 Eintritt zahlen müssen – eine Maßnahme der Regierung, um der Spielsucht ihrer Bürger entgegenzuwirken.

Entlang der Uferpromenade finden auch eine riesige extravagante Louis-Vuitton-Boutique und eine Musical- und Theaterbühne ihren Platz.

Farbenprächtige Attraktionen

An der Uferpromenade am nordwestlichen Zipfel der Marina Bay South sind im **ArtScience Museum** 8, das einer Lotusblüte nachempfunden ist, 21 Galerien und ein künstlicher Wasserfall untergebracht. Neben der Dauerausstellung, die Besucher auf eine inspirierende Reise in die Kreativität entführt, werden hier aufsehenerregende Wanderausstellungen zu aktuellen Themen präsentiert.

Am Ufer wird allabendlich die 13-minütige Light & Water Show **Wonder Full** 9 aufgeführt. Das farbenprächtige Spektakel stellt den Lebenszyklus eines Bewohners der Stadt mit Lasern, LEDs, Videoprojektoren und gigantischen Wasserfontänen dar.

In dem mit viel Glas und Stahl gestalteten Gebäude der **Marina Bay**

10 | Rund um die Marina Bay

City Gallery 10 im Süden der Marina Bay South können Sie mehr über den aufwendigen Planungs- und Bauprozess des Viertels erfahren und einen Ausblick auf die zukünftige Entwicklung wagen. Ein großes Modell der Bay veranschaulicht die Dimensionen des bombastischen Projekts, und eine Zeitreise ins 19. Jahrhundert bringt Besucher angesichts der seit dieser Zeit so weitreichenden Veränderungen zum Staunen.

Hightechgärten wie von einem anderen Stern

Im Osten der Marina Bay Sands können Sie die im Juni 2012 eingeweihten, eine Milliarde Singapore-Dollar teuren Parkanlagen der **Gardens by the Bay** 11 erkunden. Die Gesamtfläche von 100 ha wird von zwei riesigen, futuristisch geschwungenen Gewächshäusern mit über 250 000 Pflanzen dominiert. Der 1,2 ha große und 38 m hohe **Flower Dome** 12 simuliert das kühlere, trockene Klima der Mittelmeerregion und der Subtropen, während der flächenmäßig kleinere, aber mit 54 m höhere Bau des **Cloud Forest** 13 Pflanzen beherbergt, die normalerweise in tropischen Bergregionen in 1000 bis 2000 m Höhe wachsen. Sein Zentrum bildet ein 35 m emporragender Nachbau eines Berges, der natürlich mit Aufzug ausgestattet ist.

In der **Supertree Grove** 14 stehen achtzehn 25–50 m hohe Stahlkonstruktionen, die riesigen Tropenbäumen nachempfunden sind. An ihren Stämmen wachsen über 200 verschiedene Pflanzenarten. Sie sind teils mit Laufstegen verbunden, mit Solarzellen und sogar einem Restaurant ausgestattet. Durch ihre Größe bilden sie einen angenehmen Gegenpol zu den gigantischen Wolkenkratzern und kühlen auf natürliche Weise ihre Umgebung. Abends werden sie während der Light & Sound Show angestrahlt.

Vier **Heritage Gardens** 15 umschließen die Supertree Grove auf der nordwestlichen Seite. Hier wird durch typische Pflanzen, Statuen und Gebäude jede Bevölkerungsgruppe repräsentiert, die einen Beitrag zur Entwicklung des Inselstaates geleistet hat. Neben einem chinesischen, einem indischen und einem malaiischen Garten wird im Colonial Garden auch den Einflüssen der britischen Kolonialmacht gedacht.

Die Stahlkonstruktionen der Supertree Grove verströmen Magie

Rund um die Marina Bay

Infos

Esplanade – Theatres on the Bay
2 : 1 Esplanade Drive, Tel. 68 28 83 77, www.esplanade.com, MRT Esplanade, Touren Mo–Fr 11 und 14 Uhr, Sa/So 11 Uhr für S$ 8.

Singapore Flyer 3 : 30 Raffles Avenue, Tel. 63 33 33 11, www.singaporeflyer.com.sg, MRT Promenade, tgl. 8.30–22.30 Uhr, Eintritt S$ 29,50, Kinder S$ 20,65, mit Cocktail S$ 69, ein Audioguide ist im Preis inbegriffen.

Sustainable Singapore Gallery 6 : 8 Marina Gardens Drive, Tel. 65 14 59 59, www.pub.gov.sg, MRT Marina Bay, tgl. außer Di 9–21 Uhr, Eintritt frei.

Marina Bay Sands 7 : 10 Bayfront Avenue, Tel. 66 88 88 88, www.marinabaysands.com, MRT Marina Bay, Aussichtsplattform Mo–Do 9.30–22, Fr–So bis 23 Uhr, Eintritt S$ 20, Kinder S$ 14.

ArtScience Museum 8 : 10 Bayfront Avenue, Tel. 66 88 88 88, www.marinabaysands.com/Singapore-Museum, MRT Marina Bay, 10–22 Uhr, Eintritt S$ 21–25, Kinder S$ 8–15.

Wonder Full 9 : Tel. 66 88 88 68, www.marinabaysands.com/Singapore-Entertainment/WonderFull, MRT Marina Bay, Aufführungen um 20 und 21.30, Fr und Sa auch um 23 Uhr, Eintritt frei.

Marina Bay City Gallery 10 : 11 Marina Boulevard, Tel. 65 92 53 36, www.marina-bay.sg/marinabaycitygallery.html, MRT Marina Bay, Di–Fr 10–20, Sa und So bis 21 Uhr, Eintritt frei, tgl. außer Mo um 11.30 und 16 Uhr kostenlose halbstündige englischsprachige Touren. Zudem tgl. außer Mo Gratis-Tour entlang der Waterfront um 16.30 Uhr. Anmeldung am Gallery Welcome Desk.

Gardens by the Bay 11 : www.gardensbythebay.com.sg, MRT Marina Bay, Flower Dome und Cloud Forest: 9–21 Uhr, Eintritt S$ 28, Kinder S$ 15, Supertree Grove und Heritage Gardens: 5–2 Uhr, Eintritt frei (OCBC Skyway zwischen den Supertrees S$ 5, Kinder S$ 3).

11 | Eine Insel nur zum Vergnügen – Sentosa Island

Karte: ▶ Karte 3 | **Anfahrt:** MRT: HarbourFront

Sentosa Island ist das Ziel für einen gelungenen Familienausflug, wenn Sie selbst oder Ihre Kinder Freude an Themenparks haben, denn die Insel beherbergt den größten Vergnügungspark der Region. Hier konzentrieren sich in Laufentfernung ein Universal-Studios-Themenpark, ein hervorragendes Aquarium, ein Schmetterlingspark, Museen, 4-D-Kinos und tropische Badelagunen.

Die etwa 5 km² große Insel im Süden von Singapur, nur 500 m von der MRT HarbourFront (unter dem VivoCity) entfernt, ist mit der Hauptinsel durch einen Damm (Sentosa Gateway) verbunden.

Für einen Besuch sollte mindestens ein halber Tag eingeplant werden. Beachten Sie, dass am Wochenende die Preise steigen und vor allem an den Stränden viel Betrieb herrscht. In den Schulferien und an Feiertagen ist es meist so voll, dass ein Besuch besser auf ein anderes Mal verschoben wird.

Das war nicht immer so

Vor der Ankunft der Briten diente das abgelegene Eiland Piraten als Friedhof

59

11 | Sentosa Island

Übrigens: Bei einer Stippvisite der Insel kann man sehr schnell sehr viel Geld ausgeben, denn die meisten Sehenswürdigkeiten und Restaurants sind in der oberen Preisklasse angesiedelt, ganz abgesehen vom Kasino. Dafür können alle Außenanlagen und Strände umsonst genutzt werden. Auch die abendlichen Shows ›Lake of Dreams‹ und ›Crane Dance‹ sowie der Besuch der Tiershows im Palawan Amphitheater kosten nichts.

und war deshalb unter dem Namen Pulau Blakang Mati (»Insel hinter dem Tod«) bekannt. 1972 wurde sie in Sentosa (malaiisch: »Ruhe und Frieden«) umbenannt und zu Singapurs erstem Themenpark nach amerikanischem Vorbild ausgebaut. Die bis auf den letzten Quadratmeter durchgeplante und gestaltete Landschaft wirkt wie das genaue Gegenteil der naturbelassenen Pulau Ubin (s. S. 82) im Nordosten.

Die insgesamt 3,2 km langen Sandstrände und Lagunen im Süden sind alle künstlich angelegt – der schneeweiße Sand wurde in Indonesien abgetragen und schließlich hier aufgeschüttet. Dennoch verblieb noch erstaunlich viel Platz für Natur. Im Westen führt der Nature Walk, ein Lehrpfad, durch das **Mount Imbiah Nature Reserve** 1 .

Das neue Sentosa

Erst in den letzten Jahren entstand das neuzeitliche Areal der **Resorts World Sentosa**, ein Komplex, der Unterkünfte, ein Kasino, Theater und dergleichen umfasst. Große Luxushotels und einige Attraktionen umgeben die zentrale, stufenförmig angelegte Plaza des **FestiveWalk** 2 , die 3000 Zuschauer fassen kann. Jeden Abend findet am **Lake of Dreams** 3 eine kostenlose, von Musik

untermalte Show mit Feuer-, Wasser- und Lasereffekten statt. Zwei 25 m hohe, computergesteuerte Stahlkonstruktionen werden mit vielen technischen Raffinessen zum Leben erweckt und führen einen **Crane Dance** 4 auf, der ein Kranichpaar darstellen soll.

Im Untergeschoss des Festive Hotels lockt das riesige, spektakulär glitzernde **Casino at Resorts World Sentosa** 5 . Die architektonisch beeindruckenden, hohen Hallen mit kunstvoll verdrehten, erleuchteten Säulen, riesigen Glasdecken und Videoinstallationen an den Rolltreppen locken vor allem Chinesen an, denn Malaien und anderen Muslimen ist das Glücksspiel untersagt.

Ein Einblick in die Handelsschifffahrt

Das neue **Maritime Experimental Museum & Aquarium (MEMA)** 6 ermöglicht Ihnen einen interaktiven multimedialen Einstieg in die über 1000 Jahre alte Geschichte des interasiatischen Seehandels. Neben dem Nachbau eines riesigen chinesischen Segelschiffs aus dem 15. und eine arabische Dau aus dem 9. Jahrhundert sind es besonders die Piratenausstellung und das Typhoon Theatre, eine actiongeladene Simulation eines stürmischen Schiffsunglücks, die vornehmlich junge Besucher anziehen. Das riesige angeschlossene Aquarium soll Ende 2012 eröffnet werden.

Hollywood in Südostasien

Auf der zentralen Plaza der Resorts World Sentosa posieren Doppelgänger und lebensgroße Figuren bekannter Hollywoodgrößen für Fotos und bereiten darauf vor, was Besucher auf der anderen Seite der Monorail-Trasse erwartet: die **Universal Studios Singapore** 7 , ein nach amerikanischem Vorbild entwickelter Themenpark. In sieben

11 | Sentosa Island

Das Kasino ist nur eine von vielen Vergnügungsstätten auf Sentosa Island

verschiedenen Themenbereichen gibt es für Groß und Klein eine Vielzahl spannender Highlights wie eine Wildwasserfahrt mit Dinosauriern aus dem Film Jurassic Park oder eine actiongeladene Reise in die Welt der Transformers.

Ein spektakuläres Aquarium

Am Siloso Point im äußersten Westen liegt das exzellente Aquarium **Underwater World** 8. Die Hauptattraktion ist ein 83 m langer, begehbarer Plexiglas-Tunnel, der sich durch ein riesiges Aquarium windet. Zu beiden Seiten und über die Köpfe der Besucher hinweg gleiten Haie, Rochen und andere Bewohner tropischer Meere. Ebenso faszinierend sind Becken mit Seepferdchen, lebenden Fossilien wie dem Lungenfisch und das graziöse Ballett kleiner bunter Quallen. Underwater World betreibt auch die **Dolphin Lagoon** direkt nebenan. Die Show ›Meet the Dolphins‹ ist im Eintrittspreis inbegriffen.

Festung an falscher Stelle

Das 1890 erbaute **Fort Siloso** 9 an der Westspitze der Insel war im Zweiten Weltkrieg eine von zwölf Geschützanlagen entlang der Küste der als uneinnehmbar geltenden ›Festung Singapur‹. Die britische Kolonialregierung ging damals fatalerweise von einer Seeinvasion der Japaner aus. Sie hatte ihre Kräfte im Süden konzentriert, sodass die von der malaiischen Halbinsel im Norden angreifenden Japaner nur auf sehr geringen Widerstand stießen. Acht Tage leisteten die Briten Widerstand, bis sie am 15.2.1942 kapitulierten (s. S. 42). 80 000 britische, australische und indische Soldaten gerieten in Kriegsgefangenschaft. Hier können Geschütze, Bunker, Kasernen und Tunnel erforscht werden. Eine Ausstellung dokumentiert die Ereignisse in Bild und Ton.

Ein Einblick in die Geschichte

In der Ausstellung **Images of Singapore** 10 am Imbiah Lookout vermitteln Dioramen und Multimedia-Effekte einen anschaulichen Einblick in die Entwicklung Singapurs vom Fischernest zur modernen Metropole. Trotz stellenweise stark harmonisierender Tendenzen ist es ein sehenswertes Museum, vor allem für Besucher, die noch nicht im National Museum waren.

11 | Sentosa Island

Infos

Mount Imbiah Nature Reserve **1**: www.sentosa.com.sg/en/nature/mount-imbiah, tgl. geöffnet, Eintritt frei.

Casino at Resorts World Sentosa **5**: Tel. 65 77 88 88, www.rwsentosa.com/language/en-US/Gaming, kein Zugang für Besucher unter 21 Jahren oder solche, die Flipflops, ärmellose Shirts oder Shorts tragen. Um der Spielsucht vorzubeugen, müssen Einheimische S$ 100 Eintritt zahlen, ausländische Touristen und Gastarbeiter sind davon ausgenommen.

Maritime Experimental Museum **6**: Tel. 65 77 88 88, 10–19, Fr–So bis 21 Uhr, Eintritt Museum S$ 5, Kinder S$ 2, Typhoon Theatre S$ 6/4.

Universal Studios Singapore **7**: Tel. 65 77 88 88, www.rwsentosa.com/Attractions/UniversalStudiosSingapore, Mo–Do 10–19, Fr–So 10–21 Uhr, Tagesticket Mo–Fr S$ 68, Kinder S$ 50, Senioren S$ 32, Sa/So S$ 74/54/36.

Underwater World **8**: www.underwaterworld.com.sg, tgl. 10–19 Uhr, Eintritt S$ 25,90, Kinder S$ 17,60. ›Meet the Dolphins and Fur Seals‹ tgl. 11, 15, 16, 17.45, 18.45 Uhr.

Fort Siloso **9**: www.fortsiloso.com, tgl. 10–18 Uhr, letzter Einlass 17 Uhr, Eintritt S$ 8, Kinder S$ 5.

Images of Singapore **10**: www.sentosa.com.sg/en/attractions/imbiah-lookout/images-of-singapore, tgl. 9–19 Uhr, letzter Einlass 18.30 Uhr, Eintritt S$ 10, Kinder S$ 7.

Praktisches

Die Visitor Arrival Centres in **VivoCity** und in der **Beach Station** verkaufen Tickets und halten Faltblätter, eine Karte der Insel sowie viele praktische Informationen bereit.

Beim Besuch mehrerer Sehenswürdigkeiten ist eine Sammelkarte günstiger.

Im Web informieren www.sentosa.com.sg und www.rwsentosa.com.

Transport auf der Insel

Die Fahrt von VivoCity (MRT Harbour-Front) zur Insel mit der **Monorail** Sentosa Express kostet S$ 3,50. Sie verkehrt regelmäßig zwischen VivoCity und den drei Stationen auf der Insel: Waterfront (Resorts World Sentosa und Universal Studios), Imbiah Station und Beach Station. Der Sentosa Bus ab HarbourFront Bus Terminal und VivoCity Busstopp fährt für 2 S$ zum Resorts World.

Auf der Insel gibt es drei farblich markierte **Buslinien** (Red Line, Blue Line, Yellow Line) sowie die **Beach Tram**. Eine **Drahtseilbahn** (Jewel Cable Car) verbindet Sentosa mit dem Festland und Mount Faber (s. S. 63). Sie benötigt 12 Min. bis zum Mount Faber und bietet dabei schöne Ausblicke auf die Stadt.

Weitere Attraktionen

Die Insel hat, besonders für Kinder, noch einiges mehr zu bieten. So lohnt möglicherweise ein Besuch des **Sentosa 4D Magix** **11** (www.sentosa4Dmagix.com.sg), eines Erlebniskinos, das in die abenteuerliche Welt wilder Piraten, schießwütiger Cowboys oder wilder Achterbahnfahrten entführt. Im **Butterfly Park & Insect Kingdom** **12** (www.jungle.com.sg) geht es deutlich ruhiger zu. Neben gigantischen tropischen Faltern und farbenfrohen Schmetterlingen beheimatet der Garten auch das eine oder andere Rieseninsekt und verschiedene Papageienarten. Der aufregende Kletterparcours und Abenteuerpark **MegaZip** **13** (www.megazip.com.sg) verspricht Action, Bewegung und Nervenkitzel für jede Altersgruppe.

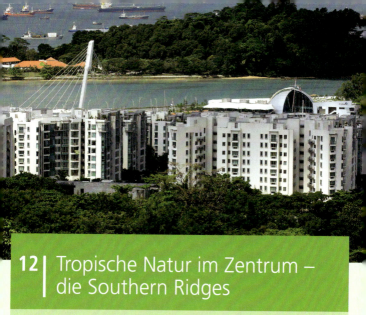

12 | Tropische Natur im Zentrum – die Southern Ridges

Karte: ▶ Karte 3 | **Anfahrt:** MRT: HarbourFront, Exit D

Warum Singapur zu den Metropolen mit der weltweit höchsten Lebensqualität zählt, wird bei einer Wanderung entlang der Southern Ridges schnell deutlich. Trotz der Bevölkerungsdichte haben es die Stadtplaner geschafft, große Grünflächen nicht nur zu erhalten, sondern auch für die Bevölkerung zugänglich und attraktiv zu gestalten.

Wer einmal dieses ganz andere Singapur abseits der Touristenpfade kennenlernen möchte, sollte einen mindestens zweistündigen Spaziergang vom Mount Faber zum Kent Ridge Park unternehmen. Manchmal tut es gut, den Trubel der Innenstadt hinter sich zu lassen und mitten in die tropische Natur einzutauchen. Die Besonderheit der Southern Ridges liegt in der vor einigen Jahren geschaffenen Möglichkeit, nahtlos über sogenannte Park Connector von einem Grünzug in den nächsten zu gelangen, ohne stark befahrene Straßen überqueren zu müssen. Auf der insgesamt 9 km langen Strecke bieten mehrere Aussichtspunkte spektakuläre Panoramablicke auf das Stadtzentrum, Teile des Hafens und die vorgelagerte Ferieninsel Sentosa, aber auch Einblicke in den Alltag der Singapurer, die gern zum Joggen hierher kommen oder bei einem Familienausflug Entspannung suchen.

Entlang der beschriebenen Pfade laden verschiedene schattige Plätzchen zum Verweilen und Abkühlen ein. Auf die Wanderung sollte ausreichend Wasser mitgenommen werden. Wenn es dennoch zu heiß werden sollte, können Sie an vielen Wegpunkten in einen klimatisierten öffentlichen Bus steigen.

Mount Faber

Nahe dem Ausgang der MRT-Station führen verschiedene Wege den 105 m hohen Mount Faber hinauf, der von

63

12 | Die Southern Ridges

dichtem Sekundärregenwald bedeckt ist. Auf dieser dritthöchsten Erhebung der Insel erstreckt sich einer der ältesten Parks der Stadt. Ich empfehle Ihnen den 800 m langen **Marang Trail** `1`, der direkt neben dem MRT Exit D beginnt und über Stufen durch den tropischen Regenwald führt. Die nach dem britischen Ingenieur Charles Edward Faber benannte Erhebung wurde ab 1845 als Signalstation genutzt, wobei es sich nicht um ein Leuchtfeuer handelte, das den Schiffen den Weg wies, sondern um einen der ersten optischen Telegrafen Südostasiens, der mittels Spiegeln die Kommunikation mit Schiffen ermöglichte. Leider wurde der Bau aber im Zuge von Modernisierungsarbeiten 1994 abgerissen.

Nach dem kurzen, aber dennoch recht schweißtreibenden Aufstieg werden Besucher mit spektakuläreren Ausblicken auf das Stadtzentrum, den Hafen und die geschäftige Keppel Bay belohnt. Bei gutem Wetter können sogar die benachbarten indonesischen Inseln erspäht werden. Etwas weiter westlich, in der unübersehbar opulent gestalteten **The Jewel Box** `1`, bietet sich die Möglichkeit, ein kühles Getränk oder eine stärkende Mahlzeit einzunehmen. Von hier fährt eine Seilbahn hinüber zur Vergnügungsinsel Sentosa (s. S. 59).

Folgen Sie nun dem ungefähr einen Kilometer langen **Mount Faber Loop** in westlicher Richtung, passieren Sie eine kleinere **Merlion-Statue** `2` und das weiß-rot gestreifte Gebäude der protestantischen **Danish Seamen's Church** `3`, in der sich dänische Seeleute wie Expats immer noch zu Gottesdiensten einfinden. Bald danach ist die Henderson-Waves-Brücke erreicht.

Telok Blangah

Die beeindruckende, mit viel Holz sehr ansprechend und modern gestaltete,

274 m lange **Henderson-Waves-Fußgängerbrücke** `4` verbindet den Mount Faber Park mit dem benachbarten Telok Blangah Hill Park. Das wellenartig geschwungene Gemeinschaftsprojekt von britischen und einheimischen Architekten 36 m über der Henderson Road ist die höchste Fußgängerbrücke Singapurs. Von der luftigen Überführung bieten sich schöne Aussichten auf die umliegenden Grünflächen und Hochhäuser, besonders zum Sonnenuntergang. Machen Sie es sich auf einer der Sitzgelegenheiten bequem, die in die Brücke integriert sind. Nachts wird die Konstruktion von zahlreichen LEDs erleuchtet und wirkt dadurch noch imposanter. Auch nach Einbruch der Dunkelheit können Besucher unbesorgt weiter spazieren und die etwas kühlere Luft genießen.

An die Brücke grenzt der **Telok Blangah Hill Park**. Sein höchster Punkt wurde zu dem von Bougainvilleen umgebenen, mehrstöckigen Terrace Garden umgestaltet, wo sich Hochzeitspaare gern vor dem exzellenten Stadtpanorama fotografieren lassen. Nach etwa einem Kilometer auf dem asphaltierten **Hilltop Walk** `5` ist der **Forest Walk** `6` erreicht, der im Zickzack durch den Wald verläuft. Von den Stahlkonstruktionen des erhöhten Laufwegs aus ist es sogar möglich, die Baumwipfel zu überblicken und v. a. frühmorgens eine Vielzahl tropischer Vögel zu beobachten. Sollten Sie unter Höhenangst leiden, können Sie auch auf dem weniger luftigen Earth Trail die Bodenregionen des Regenwalds erforschen. Beide Wege ziehen sich durch das satte Grün bis zum Alexandra Arch, einer weiteren attraktiven Brücke.

Kent Ridge

Die asymmetrisch geschwungene, 80 m lange **Alexandra Arch Bridge** `7` ver-

12 | Die Southern Ridges

bindet den Telok Blangah Hill Park mit dem Kent Ridge Park. Die weiße, einem Blütenblatt nachempfundene Brücke wird abends ebenfalls von zahlreichen LEDs verschönert.

Auf der anderen Seite ist der **Floral Walk** 8 erreicht, ein 300 m langer Weg, der auf engstem Raum einen Eindruck von der Pflanzenvielfalt Südostasiens vermittelt.

Im Anschluss wartet der **HortPark** 9, ein Informations- und Forschungszentrum für den Gartenbau, mit 40 verschiedenen, teils preisgekrönten Vorzeigegärten, einem Schmetterlingsgarten und thailändischem Restaurant auf.

Direkt hinter dem HortPark geht es auf dem nur 280 m langen **Canopy Walkway** 10 über die Baumwipfel zum **Reflections of Bukit Chandu Museum** 11. Der Weg wird besonders Vogelliebhaber erfreuen, während das Museum alle anspricht, die sich für die Zeit des Zweiten Weltkriegs in Singapur interessieren. Auf dem Hügel kam es 1942 zwischen 13 000 japanischen Invasoren und 1400 hoffnungslos unterlegenen Soldaten des malaiischen Regiments zur Schlacht von Pasir Panjang.

In unmittelbarer Nähe fahren öffentliche Busse zurück zur MRT-Station HarbourFront.

Öffnungszeiten
Telok Blangah Hill Park: jederzeit frei zugänglich.
HortPark: tgl. 6–22 Uhr, Eintritt frei.
Reflections of Bukit Chandu Museum: 31-K Pepys Road, Tel. 63 75 25 10, www.s1942.org.sg, MRT Pasir Panjang, Di–So 9–17.30 Uhr, Eintritt S$ 2, Kinder S$ 1.

Essen und Trinken
The Jewel Box: 109 Mount Faber Road, Tel. 63 77 96 88, www.mountfaber.com.sg, MRT HarbourFront, dann Bus 409 oder Drahtseilbahn ab HarbourFront Tower Two Cable Car Station, unterschiedl. Öffnungszeiten zwischen 8 und 2 Uhr). In dem Komplex mit toller Aussicht befinden sich fünf Restaurants und Bars: das kantonesische Empress Jade, das westliche Black Opal, das etwas lässigere Sapphire, die Open-Air-Bar Moonstone und die italienische Emerald Lodge. Die minimalistisch eingerichteten Toiletten wurden von einer französischen Zeitschrift als die besten der Welt ausgezeichnet.

13 | Ein Dschungel im Stadtstaat – Bukit Timah Nature Reserve

Karte: ▶ Karte 3 | **Anfahrt:** MRT: Newton, dann Bus 171: Haltestelle B03

Mitten in der asiatischen Metropole können Sie durch ursprünglichen tropischen Regenwald wandern und auf markierten Pfaden eine große Vielfalt exotischer Pflanzen, Insekten, Vögel und anderer Tiere erkunden – ein einmaliges Erlebnis.

Nur etwa 12 km vom Stadtzentrum entfernt erstreckt sich auf 164 ha das älteste Naturschutzgebiet der Insel. Ein Sekundärwald umgibt den rund 70 ha großen letzten Rest Primärregenwald, der früher weite Teile der Insel bedeckte. Er lässt erahnen, wie große Teile der Insel aussahen, als vor etwa 200 Jahren die ersten Briten hier landeten – üppige tropische Natur. Bis Mitte des 20. Jh. sind sogar noch Tiger gesichtet worden. Der letzte wurde erst in den 1960er-Jahren geschossen.

Die Wälder können auf fünf verschiedenen Pfaden erkundet werden, am besten am frühen Morgen oder späten Nachmittag, wenn die Chance, Tiere zu sehen, am größten ist.

Übrigens: Das Bukit Timah Nature Reserve ist nicht nur wegen seines Bestands an Primärwald außergewöhnlich. Es gibt weltweit nur zwei Naturreservate in Stadtgebieten: eines in Singapur, das andere in Rio de Janeiro.

Die Geschichte des Reservats

Das **Bukit Timah Nature Reserve** [1] verdankt seine Existenz einer Initiative der britischen Kolonialregierung, die eine Analyse des Waldbestands von Singapur in Auftrag gegeben hatte. Die Untersuchungskommission befürwortete die Gründung von Naturreservaten auf der Insel, und so wurde 1883 ein Großteil des heutigen Reservats unter Naturschutz gestellt. In der Folgezeit

13 | Bukit Timah Nature Reserve

forschte auch der berühmte Wissenschaftler Alfred Russel Wallace in diesem Dschungel und attestierte ihm trotz seiner kleinen Fläche eine extrem hohe Artenvielfalt. So gibt es beispielsweise im Bukit Timah Nature Reserve mehr Baumarten als in ganz Nordamerika. Das zentrale Naturreservat ist die Heimat von über 840 Pflanzen- und über 500 Tierarten. Im Gegensatz zu allen anderen Naturreservaten auf der Insel wurde im Bukit Timah nie Holz geschlagen, sodass der Primärwald erhalten blieb.

Infos und Wanderwege

Im lehrreichen **Visitor Centre** 2 am Eingang hinter dem Parkplatz werden in einer kleinen Ausstellung die Besonderheiten, die Geschichte des Reservats und die heimische Flora und Fauna vorgestellt. Hier ist auch eine Karte mit den Hauptpfaden erhältlich. Alle Wanderwege sind gut ausgeschildert und in verschiedene Schwierigkeitsstufen eingeteilt. Der rote und blaue Pfad sind relativ einfach zu gehen und mit 45 bzw. 35 Min. Dauer nicht besonders lang. Der grüne und gelbe Pfad sind schon anstrengender und deutlich länger (bis zu 2 Std.). Eine weitere Möglichkeit ist der Kampong Trail (pink), der in eineinhalb Stunden auf einer leichten Strecke bis zum MacRitchie Reservoir führt. Außerdem gibt es eine anspruchsvolle 6 km lange Mountainbike-Strecke, die einmal rund um das Reservat verläuft.

Die höchste Erhebung der Insel

Die breite Main Road verläuft bis zum **Bukit Timah Hill** 3, mit gut 163 m Singapurs höchste natürliche Erhebung. Dort werden Sie wahrscheinlich ganzen Affenhorden (langschwänzigen Makaken) begegnen. Diese sollten auf keinen Fall gefüttert werden. Mit etwas Glück können auch die lustigen Bülbül-Vögel *(Pycnonotidae)* oder katzengroße Riesengleiter *(Dermoptera)* bei ihren Ausflügen beobachtet werden.

Infos
Bukit Timah Nature Reserve: 177 Hindhede Drive (von der Upper Bukit Timah Road ab), Tel. 64 68 57 36, www.nparks.gov.sg, tgl. 6–19 Uhr, Visitor Centre tgl. 8.30–17 Uhr, Eintritt frei.

Lohnend in der Umgebung
Nördlich des Visitor Centres verläuft linker Hand ein Pfad zum **Hindhede Nature Park** 4, einem ehemaligen Steinbruch außerhalb der Reservatsgrenzen. Am idyllischen Stausee können Sie entspannen und viele Vögel erspähen, darunter die farbenprächtigen Eisvögel und eleganten Reiher. Weiter südlich gibt es einen **Abenteuerspielplatz** 1 für Kinder mit Rutschen, Kletterwänden und Schaukeln.

67

14 | Tierische Städter – der Singapore Zoo und die Night Safari

Karte: ▶ Karte 3 | **Anfahrt:** MRT: Ang Mo Kio, dann Bus 138, oder Choa Chu Kang und dann Bus 927

Ein besonderes Highlight für die ganze Familie bieten der Singapore Zoo und die Night Safari. Die beiden weitläufigen Tierparks beeindrucken durch die Vielfalt der hier untergebrachten Tierarten und die gelungene landschaftliche Gestaltung.

Die zwei höchst sehenswerten Tierparks liegen im Norden der Insel am Stausee Upper Seletar Reservoir. Für die etwas längere Anfahrt werden Sie aber in jedem Fall entschädigt. Neben fast 3000 Tieren und 314 verschiedenen Arten im Zoo können bei der Night Safari weitere 137 nachtaktive Spezies beobachtet werden. Interaktive Informationstafeln vermitteln spannende und lehrreiche Fakten über die große Welt der Tiere.

Singapore Zoo 1
Der 26 ha große Zoo ist sehr innovativ aufgebaut: Die Gehege sind in die natürliche Umgebung eingebettet, wobei Wassergräben, Teiche und Felsen so weit wie möglich Zäune und Käfige ersetzen. Für dieses Konzept hat der Zoo bereits internationale Preise einheimsen können, der Michelin zeichnete ihn mit der Höchstwertung von drei Sternen aus. Viele erfahrene Zoobesucher sind sich in ihrer Bewertung einig: Es ist der beste der Welt.

Neben Tieren aus tropischen und gemäßigten Klimazonen leben hier Seelöwen, Pinguine und Polarbären in artgerecht gekühlten Gehegen. Man begegnet auch zahlreichen vom Aussterben bedrohten Tierarten, allen voran 24 Orang-Utans in einem riesigen Gehege. Bis zu fünf dieser Menschenaffen werden ferner in zwei Freigehege gelassen, wo man sie um 15.30 und 16.30 Uhr in ihrer natürlichen Umgebung bewundern kann. Das Boardwalk-Freigehege ermöglicht von einem ›Canopy Walkway‹ aus die Be-

14 | Singapore Zoo

gegnung mit den Primaten auf Augenhöhe. Somit ist der Zoo weltweit der erste mit frei umherstreifenden Orang-Utans.

Der Tierpark umfasst zugleich das global größte von Menschen erbaute Ökosystem, den Fragile Forest. In diesem gigantischen Freiflugareal tummeln sich eine Vielzahl exotischer Dschungeltiere, darunter Faultiere, Lemuren, Papageien, Fledermäuse und Hirschferkel. Auch das 1 ha große Elefantengehege am Stausee, die 8000 m² große Paviananlage, die Nasenaffenkolonie, das weltweit größte Schmetterlings-Freifluggehege und das australische Outback-Areal sind höchst beeindruckend.

Mehrmals täglich unterhalten Tiere das Publikum bei verschiedenen Vorführungen mit kleinen Kunststückchen (›Rainforest Fights Back‹ um 12.30 und 14.30 Uhr, ›Splash Safari‹ um 10.30 und 17 Uhr, Elefanten um 11.30 und 15.30 Uhr). Bei den über den Tag verteilten Fütterungen erfahren die Besucher außerdem allerlei Wissenswertes über die Tiere.

Night Safari 2
Der nur abends geöffnete, 35 ha große Tierpark grenzt an den Zoo. Über 2500 nachtaktive Tiere leben hier in acht verschiedenen geografischen Habitat-Zonen, darunter zahlreiche vom Aussterben bedrohte Arten wie die Asiatischen Löwen.

Durch den East und West Loop dreht in regelmäßigen Abständen eine überdachte Bummelbahn ihre Runden, wobei der Fahrer mit anschaulichen Erklärungen unterhält. Sie können an Haltestellen aussteigen und zu Fuß auf vier beleuchteten Rundwegen tiefer in den Regenwald eindringen.

Im Eintrittspreis inbegriffen ist die 20-minütige Vorführung **Creatures of the Night**, bei der um 19.30, 20.30 und 21.30 Uhr verschiedene nachtaktive Tiere vorgestellt werden, sowie eine Borneo Tribal Performance um 18.45, 20 und 21 Uhr

---

Infos
Singapore Zoo: 80 Mandai Lake Road, Tel. 62 69 34 11, www.zoo.com.sg, tgl. 8.30–18 Uhr, S$ 20, Kinder S$ 13, Tram S$ 5, Kinder S$ 3.
Night Safari: 80 Mandai Lake Road, Tel. 62 69 34 11, www.nightsafari.com.sg, tgl. 19.30–24 Uhr, Eintritt inkl. 1 Tramfahrt S$ 32, Kinder S$ 21. Kombiticket Zoo S$ 42, Kinder S$ 28, zudem mit Jurong Bird Park (s. S. 77) S$ 58, Kinder S$ 38.

15 | Zwielichtiges Singapur – Geylang und Katong

Karte: ▶ Karte 3 | **Anfahrt:** MRT: Paya Lebar

In Geylang und Katong im Osten der Insel zeigt sich Singapur von seiner rauen Seite. Hier können Sie authentische Vorortatmosphäre schnuppern und ganz besondere Gaumenfreuden genießen. Nebenbei bekommen Sie Dinge zu Gesicht, die Sie in der sauberen und geordneten Metropole niemals vermutet hätten.

Obwohl Geylang Serai und Katong nicht allzu weit von der Innenstadt entfernt sind, verirren sich nur wenige Touristen hierher. Wie in jedem anderen Wohnviertel der Stadt beherrschen riesige Apartmentblocks das Bild. Dazwischen wurden Straßenzüge, die der Abrissbirne entgingen, sorgsam saniert.

Die Ursprünge von Geylang Serai

Malaien aus dem Mündungsgebiet des Singapore River wurden 1840 von den Briten in einen Kokospalmenhain umgesiedelt. Ab Anfang des 20. Jh. wurde Zitronengras (malaysisch: *serai*) angebaut. In den 1960er-Jahren hatte sich hier ein Slum entwickelt, der die Regierung der jungen Republik dazu veranlasste, ein umfassendes soziales Wohnungsbauprojekt zu beginnen.

Katong

Ganz anders im benachbarten Katong. Über lange Zeit liebten Eurasier und wohlhabende Peranakan-Familien diese ruhige Siedlung am Meer. Die Joo Chiat Road, ihr ›Rückgrat‹, wurde 1993 unter Denkmalschutz gestellt. Bei leidenschaftlichen Feinschmeckern rangiert Katong mit seinem breit gefächerten Angebot ganz weit oben. Besonders beliebt ist die feine Peranakan-Küche.

Ein riesiger malaiischer Markt

Auf dem **Geylang Serai Market & Food Centre** [1], schräg gegenüber

15 | Geylang und Katong

der MRT-Station, wird alles feilgeboten, was ein malaiischer Haushalt benötigt: Haushaltsgegenstände, Kopftücher, Gewürze und Gebäck. Während des Fastenmonats Ramadan findet hier der *pasar malam* (Nachtmarkt) statt. Es gibt kaum einen besseren Ort, das Fastenbrechen mitzuerleben.

> **Übrigens:** Auch wenn es überrascht: Prostitution ist in Singapur nicht verboten, sondern in speziell designierten Straßen ganz legal.

Der Gang der Dinge

Die **Joo Chiat Road** 1 säumen Häuser mit Geschäften oder Werkstätten im Erdgeschoss und darüber Wohnräumen der Besitzer. Die ganze Familie scheint im Laden zu leben, handelt mit Motorradersatzteilen oder Möbeln, bereitet *popiah* (s. S. 114) oder bunte, kleine Kuchen *(kueh)* zu. In der Seitenstraße **Koon Seng Road** 2 wurden die Fassaden alter Peranakan-Häuser farbenfroh herausgeputzt. Halten Sie Ausschau nach Kacheln, die wunderschön mit Blumen oder Tieren bemalt sind.

Früher am Meer

Die Joo Chiat Road mündet in die **East Coast Road** 3. Früher verlief die Straße tatsächlich am Meer. Nach der Landaufschüttung trennt sie die Wohntürme des Sozialbauviertels und eine viel befahrene Autobahn vom Grünstreifen des **East Coast Parks** 4. Zwischen der Still und Haig Road hat die East Coast Road ein wenig Dorfatmosphäre bewahrt. Einen kurzen Blick lohnt **Rumah Bebe** 5, ein kleines Museum und Geschäft für Peranakan-Kunstgewerbe in einem wunderschön restaurierten Ladenhaus (s. S. 102).

Ein Rotlichtviertel in der Musterstadt

Stadtbekannt ist das größte Rotlichtviertel Singapurs in der **Geylang Road** 6 zwischen den MRT-Stationen Kallang und Paya Lebar. In den Seitenstraßen mit geraden Nummern zwischen Lorong 4 und 30 werben Karaokebars um Kundschaft. In Häusern mit großen, hell erleuchteten roten Zahlen warten rund um die Uhr Tausende junge Frauen auf Freier. Restaurants und Essenstände haben durchgehend geöffnet, und viele Nachtschwärmer stärken sich hier in den frühen Morgenstunden.

Essen und Trinken

Populär sind die **Essenstände** im Geylang Serai Market (tgl. 10–22 Uhr). Das alteingesessene **Peranakan Inn** 1 (212 East Coast Road, Tel. 64 40 61 95, MRT Eunos, tgl. 11–15 und 18–22 Uhr) serviert eine gute Auswahl leckerer Peranakan-Spezialitäten, wie traditionell üblich in Tontöpfen. Besonders beliebt sind die Assam Prawns und das Fish Head Curry. Der Service ist nicht besonders aufmerksam und dem Lokal würde eine Renovierung guttun, aber die Qualität des Essens überzeugt.

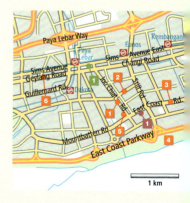

Noch mehr Singapur

Gebäude

Chijmes ▶ E 7
30 Victoria Street, www.chijmes.com.sg, MRT Bras Basah, verschiedene Öffnungszeiten, Geschäfte meist bis 20 Uhr, Restaurants bis 22.30 Uhr und Bars bis 3 Uhr

Das Akronym (Aussprache: *tscheims*) ist ein Wortspiel (engl. *the bells chime* = die Glocken läuten) und Anspielung auf den Namen des ehemaligen Nonnenklosters Convent of the Holy Infant Jesus, das sich ab 1854 auf dem Areal gegenüber vom Raffles Hotel befand.

Die erste baufällig gewordene Kapelle wurde 1904 durch den heutigen hübschen neogotischen Bau ersetzt. 1983 verließ der Orden die alten Klostergebäude, die daraufhin für 100 Millionen S$ eine aufwendige, preisgekrönte Renovierung zu einem Veranstaltungszentrum erfuhren. Die Kapelle, ein beliebter Ort zum Heiraten, und das über 150 Jahre alte Caldwell House innerhalb der Klostermauern wurden originalgetreu hergerichtet. Ansonsten griff man auf das altbewährte Singapurer Konzept zurück und siedelte in den Wandelgängen und um einen tiefer gelegenen Innenhof Boutiquen, Restaurants und Bars an.

Wegen der Architektur lohnt es sich, auch tagsüber durch die Anlage zu spazieren. Richtig zum Leben erwacht Chijmes jedoch erst abends, wenn die in den Bäumen hängenden Lichterketten erstrahlen und Gäste die Open-Air-Restaurants bevölkern.

Esplanade – Theatres on the Bay ▶ E/F 8
1 Esplanade Drive, Tel. 68 28 83 77, www.esplanade.com, MRT Esplanade, Touren Mo–Fr 11 und 14 Uhr, Sa und So 11 Uhr für S$ 8

Das moderne, 500 m westlich vom Singapore Flyer gelegene Kultur- und Unterhaltungszentrum bietet viel Platz für Symphoniekonzerte (1800 Plätze), Opern, Ballett- und Theateraufführungen (2000 Plätze). Singapurer gaben dem markanten Gebäude den Spitznamen ›The Durians‹, denn die zwei nebeneinanderliegenden Gebäude mit den überdimensionalen, stacheligen Halbkugel-Dächern erinnern an die Form der übelriechenden, aber hoch geschätzten Frucht. Die extravagante Dachkonstruktion ist nicht nur schmückendes Beiwerk, sondern hat auch positive Auswirkungen: Sie lässt Sonnenlicht in das Gebäude, spendet aber zugleich genügend Schatten, damit sich die Räume nicht zu stark aufheizen.

Fountain of Wealth ▶ F 7
Suntec City, Temasek Boulevard, MRT City Hall

Die Suntec City nördlich der Marina Bay ist ein Ort der Superlative: Der Fountain of Wealth im Zentrum des riesigen Einkaufs-, Übernachtungs- und Messezentrums wurde nach seinem Bau im Guinnessbuch der Rekorde als der größte Brunnen der Welt aufgenommen.

Die gesamte Anlage ist nach Feng-Shui-Prinzipien errichtet worden, d. h.

Noch mehr Singapur

die Dimensionen und die Positionierung aller Elemente sind so ausgelegt, dass sie größtmöglichen Erfolg, Wohlstand und Glück gewährleisten.

Aus der Vogelperspektive betrachtet repräsentiert Suntec City eine nach oben geöffnete linke Hand: ein 18 Stockwerke hoher Turm steht für den Daumen, die vier Bürotürme mit 45 Stockwerken stehen für die übrigen Finger, und der riesige Brunnen in der Mitte befindet sich in der Handfläche. Der Brunnen besteht aus einem Bronzering von 21 m Durchmesser, der von vier fast 14 m hohen Beinen gestützt wird. Dieser Ring versinnbildlicht Vollendung und unendliche Harmonie. Das im Ring fließende Wasser, Symbol des Lebens, bedeutet, dass gewonnener Wohlstand nicht ›durch die Finger‹ rinnt, sondern behalten wird.

Es gilt als Glück bringend, den Brunnen drei Mal zu umkreisen und dabei die ganze Zeit das Wasser zu berühren. Um dies zu ermöglichen, wird der große Brunnen zu folgenden Zeiten abgestellt: 9–12, 14, 18, 19–19.50 und 21.30–22 Uhr. Besucher können dann um einen kleinen Springbrunnen an der Basis der Struktur herumgehen. Jeden Abend um 20, 20.30 und 21 Uhr gibt es eine Multimedia-Lasershow.

Haw Par Villa (Tiger Balm Gardens) ▶ Karte 3

262 Pasir Panjang Road, Tel. 68 72 27 80, MRT Haw Par Villa, tgl. 9–19 Uhr, Eintritt frei

Der chinesische Millionär Aw Boon Haw ließ dieses prächtige, von einem Park umgebene Herrenhaus 1937 für seinen Bruder Aw Boon Par errichten. Die Villa wurde während des Zweiten Weltkriegs von den Japanern zerstört und im Anschluss wieder hergerichtet. Die beiden Brüder, ihre Namen bedeuten wörtlich übersetzt »sanfter Tiger« und »sanfter Leopard«, gelangten durch die Erfindung und den Verkauf des berühmten Tiger Balm, eines Allzweckmittels gegen Kopf- und Gliederschmerzen, zu großem Wohlstand.

Im Park finden sich zahlreiche grotesk anmutende Zementfiguren, die an

Feng Shui

Feng Shui (ausgesprochen: *feng swej*; wörtlich: Wind und Wasser; zu Deutsch Geomantie), die jahrtausendealte Kunst und Wissenschaft vom Leben in Harmonie mit der Umgebung, basiert auf dem chinesischen Taoismus. Sehr vereinfacht bedeutet Feng Shui die positive Beeinflussung aller Lebensbereiche – Gesundheit, materieller Wohlstand, Familien- und Eheleben – durch die energetisch ›richtige‹ Positionierung von Häusern und Räumen und die Größe und Anordnung von Fenstern, Türen und Möbeln. ›Günstige‹ Elemente (vor allem Wasser) werden an strategisch wichtigen Stellen hinzugefügt. Spiegel und andere Dinge halten unerwünschte Energien (›Dämonen‹) fern. In Singapur – zu drei Vierteln eine chinesische Stadt – wird Feng Shui sehr ernst genommen. Shopping Malls, Bürotürme und Apartmentblocks werden nach Feng-Shui-Prinzipien ausgerichtet, Wohnungskäufer konsultieren einen Feng-Shui-Meister *(geomancer)*, und auch die Wahl einer Grabstätte erfordert diesbezügliche Beratung. Die sehr komplexen Berechnungen werden heutzutage mit eigens zu diesem Zweck entwickelter Software per Computer angestellt.

Noch mehr Singapur

eine chinesische Version von Disneyland erinnern. Besonders spektakulär sind die Höllendarstellungen.

Kwan Im Thong Hood Cho Temple ▶ E 6

178 Waterloo Street, MRT Bugis, tgl. 6–18 Uhr

In dem bekannten und beliebten chinesischen Tempel in einer belebten Fußgängerzone herrscht am Vorabend des Chinesischen Neujahrs besonders großer Andrang. Dann ist er über Nacht geöffnet, und zahlreiche Gläubige erbitten sich von Kuan Yin, der chinesischen Göttin der Barmherzigkeit, ihren Segen für das neue Jahr. Außer Kuan Yin gibt es in der Gebetshalle auch noch Statuen anderer Gottheiten. Fotografieren ist in diesem Tempel allerdings nicht erlaubt. Auf der Straße vor dem Tempel und in den Geschäften werden neben Blumen, Räucherwerk und anderen Opfergaben auch traditionelle chinesische Heilmittel verkauft. Manch ein Bittsteller lässt es nicht bei den chinesischen Göttern bewenden und sucht gleich im Anschluss Hilfe bei den Hindugöttern Sri Vigneshwarar und Hanuman im benachbarten Sri Krishna-Tempel (152 Waterloo Street).

St. Andrew's Cathedral ▶ E 7–8

11 St. Andrew's Road, www.living streams.org.sg, MRT City Hall, Mo–Sa 9–17 Uhr, kostenlose 90-minütige Führungen Mo, Di, Do und Fr um 10.30 und 14.30 Uhr, Mi um 14.30 und Sa um 10.30 Uhr

Mit ihren weißen Mauern ist die anglikanische Kathedrale am Rande des Padang nicht zu übersehen. Die erste kleine, 1835 im klassizistischen Stil erbaute Kirche wurde schon bald durch einen Neubau und schließlich durch die heutige neugotische Kathedrale ersetzt. Das 1862 geweihte, prächtige Gotteshaus wurde von Colonel Macpherson entworfen und von indischen Zwangsarbeitern erbaut, was zur damaligen Zeit in Singapur durchaus üblich war. Das leuchtende Weiß ist dem Verputzstoff Madras Chunam zu verdanken, einer Mischung aus Kalk, Zucker und Eiweiß. 2005 entstand der überwiegend unterirdisch angelegte, moderne Erweiterungsbau mit Gebetsstätten, einem Amphitheater, Visitor Centre und überdachten Fußweg zur MRT City Hall. Sonntags finden hier mehrere Gottesdienste in Englisch, Mandarin, Kantonesisch, Tagalog, Birmanisch und Indonesisch statt.

UOB Plaza (United Overseas Bank Plaza) ▶ E 9

80 Raffles Place, MRT Raffles Place

So hoch wie die Bauvorschriften in Singapur es erlauben – 282 m – ragt der höhere der beiden futuristischen Wolkenkratzer zwischen Raffles Place und Boat Quay in den Himmel. Mit den beiden benachbarten Bürotürmen, OUB Centre und Republic Plaza, ist das 67-stöckige, 1992 erbaute UOB Plaza One eins der drei höchsten Gebäude der Stadt. In seinem Untergeschoss befindet sich eine Moschee. Die Skulpturen »Homage to Newton« von Salvador Dalí und ein Vogel des Kolumbianers Fernando Botero schmücken den inneren Eingangsbereich. Ein hohes Atrium verbindet das UOB Plaza One mit dem 38-stöckigen UOB Plaza 2. Dieses steht genau an der Stelle, wo 1935 in einem dreistöckigen Geschäftshaus die United Overseas Bank (UOB), damals United Chinese Bank, von dem aus Sarawak stammenden Datuk Wee Kheng Chiang gegründet wurde, der sie bis 1974 leitete. Den besten Ausblick hat man allerdings von der 1-Altitude Gallery & Bar (s. S. 106) im 63. Stock des benachbarten, auch 282 m hohen OUB Centre.

Noch mehr Singapur

Die Haw Par Villa mit Garten ist ein Vermächtnis der Tiger-Balm-Erfinder

Museen

Baba House ▶ B 10
157 Neil Road, Tel. 62 27 57 31, www.nus.edu.sg/museum/baba, MRT: Outram Park, Voranmeldung erforderlich, Führungen mit max. 12 Teilnehmern Mo 14–15, Di 18.30–19.30, Do 10–11 und Sa 11–12 Uhr, S$ 10, Senioren S$ 8, Kinder S$ 5

Ein Rundgang durch das bis ins kleinste Detail höchst aufwendig instandgesetzte ›Heritage-Home‹ bietet interessierten Besuchern die Möglichkeit, das Leben der chinesischen Oberschicht in den 1920er-Jahren kennenzulernen. Hier lebte die einflussreiche Peranakan-Familie Wee über sechs Generationen. Die acht Millionen Singapur-Dollar teure und fünf Jahre andauernde Restaurierung wurde von Studenten der National University of Singapore intensiv unterstützt, um eine originalgetreue Darstellung der Wohnräume zu garantieren. Die reich verzierte Inneneinrichtung bezaubert ebenso wie die Möglichkeit, anders als in den meisten Museen die einzelnen Einrichtungsgegenstände berühren zu dürfen. Eine Galerie im dritten Stock zeigt wechselnde Ausstellungen zur Peranakan-Kultur.

Changi Museum ▶ Karte 3
1000 Upper Changi Road North, Tel. 62 14 24 51, www.changimuseum.com, MRT Tanah Merah, dann Bus 2, tgl. 9.30–17 Uhr, Eintritt frei, Führung S$ 8, Kinder S$ 4

Das Museum und Dokumentationszentrum schafft es, Besucher anhand von Fotos, Briefen und Zeichnungen zurück in eines der dunkelsten Kapitel der Ge-

Noch mehr Singapur

schichte zu führen. Während der japanischen Besatzungszeit im Zweiten Weltkrieg wurden zahlreiche Zivilisten und alle ehemaligen Soldaten interniert und mussten unter schrecklichen Bedingungen leben. Auf dem Museumsgelände wurde die Kapelle, die den Kriegsgefangenen damals als Gebetsstätte diente, detailgetreu nachgebaut. Das Museum veranstaltet jeden Mi von 14–17.30 Uhr ab MRT Little India (Exit A) und jeden Sa von 10–13 Uhr ab MRT Pasir Ris (Exit B) informative Führungen zu weiteren Schauplätzen des Zweiten Weltkriegs für S$ 48, Kinder S$ 30, Reservierung empfehlenswert (Tel. 63 25 16 31, auch Online-Buchungen möglich über www.journeys.com.sg).

Live Turtle & Tortoise
Museum ▶ Karte 3

1 Chinese Garden Road, Tel. 62 68 53 63, www.turtle-tortoise.com, MRT Chinese Garden, tgl. 9–18 Uhr, Eintritt S$ 5.
Auf dem Gelände des Chinesischen Gartens im Westen der Insel liegt dieses kleine Museum in dem die größte Sammlung der gepanzerten Krabbeltiere weltweit zu bewundern ist. Über 1000 Exemplare mehr als 50 verschiedener Schildkrötenarten leben hier in Terrarien oder Becken, viele aber auch direkt im großen Teich, darunter auch ausgefallene Arten wie die Schlangenhalsschildkröte oder die Geierschildkröte.

mint (Museum of
Toys) ▶ Karte 2, E 7

26 Seah Street, Tel. 63 39 06 60, www.emint.com, MRT City Hall, tgl. 9.30–18.30 Uhr, Eintritt S$ 15, Kinder S$ 7,50
Im größten Spielzeugmuseum Südostasiens vergnügen sich nicht nur Kinder, sondern in erster Linie jung gebliebene Nostalgiker und Sammler, die hier eine riesige Palette traditioneller Spielzeuge aus über 25 Ländern bestaunen können. Neben einer gigantischen Sammlung von über 50 000 Blechfiguren in allen Formen und Farben finden sich über vier Stockwerke verteilt auch wertvolle Comics, einheimisches Spielzeug und eine Teddybären- und Puppensammlung.

Im obersten Stockwerk lockt darüber hinaus das gemütliche Mr. Punch Restaurant, dessen Wände mit alten Metall-Reklameschildern geschmückt sind, mit herzhaftem Essen.

red dot design
Museum ▶ Karte 2, D 10

28 Maxwell Road, Tel. 63 27 80 27, www.reddottraffic.com, MRT Tanjong Pagar, Mo, Di und Fr 11–18, Sa und So bis 20 Uhr, Eintritt S$ 8, Kinder S$ 4
Das alte Backsteingebäude diente früher als Zentrale der Verkehrspolizei und ist bereits von Weitem an seinem knallroten Anstrich zu erkennen. Damit möchte der einzige Bau in roter Farbe in der gesamten Innenstadt einen Kontrapunkt zu den stahlgrauen Hochhausfassaden setzen. Im Erdgeschoss befinden sich die zwei Galerien des größten modernen Design-Museums Asiens, die sich innovativen, kreativen und erfolgreichen Design-Entwürfen verschrieben haben. Der Museumsshop bietet ungewöhnliche Souvenirs .

Singapore Art Museum
(SAM) ▶ E 7

71 Bras Basah Road, Tel. 63 32 32 22, www.singaporeartmuseum.sg, MRT Bras Basah, Exit D, Sa–Do 10–19, Fr bis 21 Uhr, Eintritt S$ 10, Kinder und Senioren S$ 5, Fr freier Einlass ab 18 Uhr, englischsprachige Führungen tgl. 14 Uhr, Di–So auch 11 Uhr, Fr zusätzlich um 19 Uhr, Sa und So 15.30 Uhr
Das Singapore Art Museum in direkter Nachbarschaft zum National Museum

Noch mehr Singapur

wartet mit einer der weltweit größten Sammlungen zeitgenössischer südostasiatischer Kunst auf. In 13 Einzelgalerien sind moderne Kunstwerke aus Singapur und dem weiteren südost- und ostasiatischen Raum, aber auch Werke weltbekannter Künstler wie Roy Lichtenstein oder Frank Stella ausgestellt. Neben Zeichnungen und Gemälden finden sich hier auch zahlreiche Skulpturen, Fotografien und multimediale Installationen. Im 8Q SAM, schräg gegenüber vom Hauptbau, haben einige Werke ein neues Zuhause gefunden. Diese Galerie versteht sich als Experimentierfeld und hat sich der Begegnung und Auseinandersetzung mit den Werken lebender Künstler verschrieben. Viele haben einige Jahre im Ausland verbracht und verbinden in ihren Werken die Tradition ihrer Heimat mit westlichen, zeitgenössischen Ideen. Sie veranstalten auch Workshops. Die zeitgenössische Kunstszene in Singapore präsentiert sich zudem u. a. in der **LaSalle Gallery** (1 McNally Street, Tel. 64 96 50 00, www.lasalle.edu.sg), in der **Lim Hak Tai Gallery** auf dem Campus der Nanyang Academy of Fine Arts (NAFA) (80 Bencoolen Street, Tel. 65 12 40 43, www.nafa.edu.sg), und im **Selegie Arts Centre** (30 Selegie Rd., www.pss 1950.org), einer kleinen Galerie mit nettem Café.

Singapore Science Centre ▶ Karte 3

15 Science Road, Tel. 64 25 25 00, www.science.edu.sg, MRT Jurong East, dann Bus 335: Jurong Town Hall, tgl. 10–18 Uhr, Eintritt S$ 9, Kinder S$ 5
Dieses hervorragende, den Naturwissenschaften gewidmete Hightech-Museum umfasst mehr als 1000 Exponate, die sich auf mehrere, bestimmten Themen vorbehaltene Galerien verteilen. Die meisten Ausstellungsstücke sind in-

teraktiv und ermuntern nicht nur Kinder zum Anfassen und Ausprobieren. Die Anreise lohnt besonders für Familien mit wissbegierigen Kindern, die hier ihren Spaß haben werden. Wenn während der Woche Singapurer Schulklassen zu Hunderten einfallen, kann es jedoch laut und hektisch zugehen.

Das benachbarte **Omni Theatre**, ein großes Imax-Kino, zeigt 3-D-Filme zu verschiedenen naturwissenschaftlichen Themen (Eintritt S$ 10), und im **Snow City** können Sie sich in einer für die Tropen exotischen Schneelandschaft vergnügen.

Parks und Gärten

Jurong Bird Park ▶ Karte 3
2 Jurong Hill, Tel. 62 65 00 22, www.birdpark.com.sg, MRT Boon Lay, von dort Bus 194 bis Jalan Ahmad Ibrahim, tgl. 8.30–18 Uhr, Eintritt S$ 18, Kinder S$ 9
In dem 20 ha großen Vogelpark können Sie mit Leichtigkeit einen halben Tag verbringen. Auf dem weitläufigen Gelände leben in Gehegen, Käfigen und großen, betretbaren Volieren mehr als 5000 Vögel über 380 verschiedener Arten. Greifvögel, Wasservögel und Papageien finden sich hier genauso wie neuseeländische Kiwi-Vögel, südamerikanische Tukane und südostasiatische Nashornvögel *(hornbills)*. Ein klimatisiertes Becken simuliert zudem die antarktische Heimat der Pinguine.

Wegen der Größe des Geländes empfiehlt sich eine Fahrt mit der Panorail-Bahn (S$ 5, Kinder S$ 3). Unbedingt sehenswert ist der neun Stockwerke hohe und 2 ha große Lory Loft mit mehr als 1000 frei fliegenden, zutraulichen Loris aus Australien, die man mit Nektar füttern kann, sowie das größte Freifluggehege der Welt, die rie-

Noch mehr Singapur

Der Jurong Bird Park beheimatet Tausende von Vögeln, darunter auch Riesenaras

sige African Waterfall Aviary mit einem Regenwald, einem 30 m hohen Wasserfall und 1500 frei fliegenden Vögeln. Im Eintrittspreis sind Vorführungen mit Raubvögeln (tgl. um 10 und 16 Uhr) und Papageien (tgl. um 11 und 15 Uhr) inbegriffen.

MacRitchie Reservoir Park ▶ Karte 3
Lornie Road, Visitor Centre Tel. 64 68 57 36, www.nparks.gov.sg, MRT Marymount, von dort sind es noch ca. 2 km zu Fuß, tgl. 7–19 Uhr, Eintritt frei
Der gepflegte Park grenzt südlich an das erste Süßwasserreservoir der Insel. Bereits 1867 wurde das Sammelbecken erbaut, weil der Wasserbedarf des britischen Handelspostens nicht mehr ausschließlich durch die von Ochsen gezogenen Wasserkarren gedeckt werden konnte. Heutzutage ist der Park besonders bei sportlich aktiven Singapurern beliebt, die sich hier auf Lauf- und Wanderwegen unterschiedlicher Länge (3–11 km) und Schwierigkeit fit halten. Alternativ besteht die Möglichkeit, mit Kajaks (S$ 15 pro Stunde) die mäandernden Arme des Stausees zu erforschen. Für Duschen und Schließfächer hat die Regierung selbstverständlich gesorgt.

Singapore Botanic Gardens ▶ Karte 3
1 Cluny Road, Ecke Holland Road, Tel. 64 71 71 38, www.sbg.org.sg, MRT Botanic Gardens oder Orchard und 15 Min. zu Fuß oder Bus 7, 105, 106, 123, 174 ab Orchard Boulevard: Napier Road, tgl. 5–24 Uhr, Eintritt frei
Ein Besuch dieser herrlichen Oase der

Noch mehr Singapur

Ruhe bildet das perfekte Kontrastprogramm nach dem städtischen Trubel. Bereits 1859 wurde der Botanische Garten begründet. 1877 zog hier Henry Ridley, einer der ersten Direktoren des Gartens, aus gestohlenen brasilianischen Samen die ersten Kautschukpflanzen in Asien und begründete damit die Kautschukplantagen und -industrie im kolonialen Malaysia und Indonesien. Heute umfasst das gepflegte, 74 ha große Gelände unweit der Orchard Road Rasenflächen, Palmenhaine, einen Überrest Primärregenwald und den **National Orchid Garden** (tgl. 8.30–19 Uhr, Eintritt S$ 5, Kinder frei). Letzterer beherbergt mit seinen über 1000 verschiedenen Arten und 2000 weiteren Kreuzungen die größte Orchideensammlung der Welt. Im sehenswerten **Evolution Garden** wird anschaulich die Evolution der Pflanzenwelt dargestellt. Im 2,5 ha großen **Healing Garden** werden thematisch nach ihrer Wirkungsweise sortiert über 400 verschiedene Heilpflanzen vorgestellt (Di–So 5–19.30 Uhr). Ein Teil des Gartens nahe der Bukit Timah Road ist speziell für Kinder konzipiert.

Es werden regelmäßig Führungen durch den Regenwald und Heilpflanzengarten angeboten. Außerdem ist der große Garten Schauplatz von Ausstellungen und Konzerten.

Sungei Buloh Wetland Reserve ▶ Karte 3

301 Neo Tiew Crescent, Visitor Centre Tel. 67 94 14 01, www.sbwr.org.sg, MRT Kranji, weiter mit Bus 925, dann ca. 1 km zu Fuß, Mo–Sa 7.30–19, So und feiertags ab 7 Uhr, werktags Eintritt frei, Sa, So und Feiertage S$ 1
1989 wurden 87 ha Mangrovenwald und Marschland in der Nähe des Kranji-Damms im äußersten Nordwesten der Insel unter Naturschutz gestellt und rund zehn Jahre später auf 130 ha erweitert. Gut gekennzeichnete Pfade und Plankenwege führen durch das flache, sumpfige Gelände.

Mit seinen vielen Wasserarmen ist Sungei Buloh ein Paradies für Ornithologen. Von versteckten Unterständen *(bird hides)* erspähen Sie vielleicht einen in Singapur beheimateten Eisvogel *(white collared kingfisher)* mit blauem Rückengefieder, weißer Halskrause und weißem Bauch, Wattvögel wie Regenpfeifer *(plover)* und Wasserläufer *(sandpiper)* oder einige der im Park beheimateten Reiherarten. Das Visitor Centre präsentiert eine informative Ausstellung. Hier gibt es auch eine Faltkarte mit Erläuterungen und weiterführenden Informationen zu den Wegen.

Ein kleiner Tipp: Kommen Sie früh am Morgen, denn dann sind die Vögel deutlich aktiver und es ist noch nicht ganz so heiß – Insektenschutzmittel nicht vergessen!

Yu Hwa Yuan (chinesischer Garten) und Seiwaen (japanischer Garten)
▶ Karte 3
Yuan Ching Road, MRT Chinese Garden, tgl. 6–23 Uhr, Eintritt frei, außer zum Bonsai-Garten (S$ 5)
Im westlichen Teil der Insel im Wohngebiet Jurong liegen zwei ansprechende Parkanlagen direkt nebeneinander. Der 13,5 ha große chinesische Garten und der einen halben Hektar kleinere japanische Garten sind nicht nur für Hobbygärtner und Landschaftsarchitekten interessant. Während der chinesische Garten mit einem dem Pekinger Sommerpalast der Qing-Dynastie nachempfundenen Hauptgebäude punkten kann, rühmt sich der japanische Garten, der größte außerhalb des Landes der aufgehenden Sonne zu sein.

Noch mehr Singapur

Interessante Gegenden zum Schlemmen, Shoppen, Ausgehen

Boat Quay, Clarke Quay und Robertson Quay ▶ B–E 8
MRT Clarke Quay

Bis in die Mitte der 1970er-Jahre waren die Kais im Mündungsgebiet des Singapore River Orte geschäftigen Treibens. Danach kehrte die Stadt ihrem Fluss fast 20 Jahre den Rücken zu und die Lagerhäuser (lokale Bezeichnung: *go downs*) verfielen. Mit der Sanierung des Boat Quay begann man, dem Fluss wieder die Aufmerksamkeit zu schenken, die ihm gebührt. Schließlich war die Stelle in der Nähe des Parlaments der Geburtsort der Kolonie. Ende der 1990er-Jahre erfolgte die Wiedergeburt des Clarke Quay und Robertson Quay.

Die drei Kais und ihre Seitengässchen sind nun belebte Vergnügungsviertel. In den alten Lagerhäusern haben sich Kneipen, Clubs, Bars und Restaurants etabliert. Am Boat Quay geht es meist laut und ausgelassen zu. Viele Angestellte des angrenzenden Financial District kommen nach Feierabend auf einen Drink vorbei. Im Vergleich dazu ist der Clarke Quay zurückhaltender, stilvoller und kultivierter. Der weiter westlich gelegene Robertson Quay und seine Umgebung formen eines der Zentren der Singapurer Clubszene. In dem Speicherhaus in der Nr. 41 residiert das **Singapore Tyler Print Institute** (Tel. 63 36 36 63, www.stpi.com.sg, Di–Sa 10–18 Uhr, Eintritt frei) mit der größten Druckereiwerkstatt Asiens und einer Galerie mit interessanten Veranstaltungen.

Bugis Village ▶ E/F 6
MRT Bugis

Die Bugis Street war bis Mitte der 1980er-Jahre in ganz Südostasien als verruchtes Sündenpflaster bekannt, wo sich spätabends Matrosen, Prostituierte und Transvestiten ein Stelldichein gaben. Oft kam es hier zu improvisierten, spontanen Gesangs- und Tanzdarbietungen, die auch neugierige Touristen anzogen. Der Bau der MRT bot der Regierung, der das zwielichtige Amüsierviertel schon lange ein Dorn im Auge war, einen ausgezeichneten Vorwand, die Straße einfach verschwinden zu lassen. Aufgrund von Protesten und nach wie vor bestehender Nachfrage feierte sie kurz danach in der Nähe als **New Bugis Street** ihre Auferstehung. Heute finden Sie in der Gegend zahlreiche Open-Air-Lokale sowie einen Nachtmarkt mit auf den Geschmack von Touristen zugeschnittenen billigen Klamotten und anderem Krimskrams.

Bugis Junction hingegen ist ein modernes Einkaufszentrum in einem edel sanierten Straßenblock, das von einem Glasdach überwölbt und voll klimatisiert ist. Im zehnstöckigen **Iluma**, 201 Victoria Street, einem gigantischen, neuen Shopping- und Unterhaltungskomplex mit einem großen Cineplex, verzichtet man bewusst auf die Ansiedlung von Megamärkten und Kaufhäusern. Dafür ist ausreichend Raum für Kunst- und Musikveranstaltungen. Bemerkenswert ist seine silbern glänzende, stachelige Hightech-Fassade, die in einem Gemeinschaftsprojekt von Architekten aus Singapur und Berlin entwickelt wurde.

Dempsey Hill ▶ Karte 3
www.dempseyhill.com, MRT Orchard, von dort Bus 7 oder 77

Nur 500 m westlich des Botanischen Gartens entstand in den letzten Jahren in den ehemaligen Quartieren der unter den Briten errichteten Kaserne ein neues Ausgehviertel, das mit Feinschmeckerrestaurants, kultivierten Weinbars,

Noch mehr Singapur

Die restaurierten Lagerhäuser am Boat Quay beherbergen Restaurants und Kneipen

eleganten Geschäften und Galerien punktet. Die ehemals tristen Gebäude wurden sensibel renoviert, alte Gemäuer freigelegt und dabei die Struktur der einstigen Kaserne beibehalten. Dadurch bleibt zwischen den Flachbauten genügend Platz und alles wirkt beinahe ländlich.

Ein Abendessen in Dempsey Hill mit anschließender Wein- und Käse-Verköstigung ist besonders bei der wohlhabenden Schicht angesagt.

Holland Village ▶ Karte 3
MRT: Holland Village

Das seit langem von in Singapur lebenden Ausländern favorisierte Viertel liegt nur 4 km westlich der Orchard Road Der Name hält, was er verspricht: Vor den Singapur-typischen Wohnblöcken des sozialen Wohnungsbaus vermittelt das kleine Areal von Flachbauten einen Hauch Dorfatmosphäre. Holland Village besteht aus einem Straßenabschnitt der Holland Avenue und den angrenzenden Straßen Lorong Mambong und Lorong Liput. Auch jenseits der Holland Avenue findet sich in der Jalan Merah Saga eine weitere Ess- und Ausgehmeile. Hier wohnen größtenteils Ausländer, die in Singapur gutes Geld verdienen, in geräumigen Villen mit Swimmingpool. Entsprechend konzentrieren sich hier deutsche, französische und italienische Feinkostgeschäfte.

Mit einem kleinen Shoppingcenter an der Holland Avenue und interessanten Kunsthandwerksläden bietet Holland Village gute Einkaufsmöglichkeiten. Zudem tragen viele Cafés, Kneipen, Bars und Restaurants mit gediegenem Ambiente insbesondere am Abend zur Attraktivität der Gegend bei jungen Einheimischen wie Besuchern bei.

81

Ausflüge

Pulau Ubin ▶ Karte 3

Die Überfahrt von der Changi Jetty zur ›Granitinsel‹ dauert nur etwa zehn Minuten, führt aber in eine andere Welt. Sobald Sie die Insel erreichen, haben Sie die moderne Metropole mit ihren Wohnblocks, Asphaltstraßen, Golfplätzen, Vergnügungsparks und Luxusresorts hinter sich gelassen. Nur einige Kopi Tiams (Cafés im einheimischen Stil), ein Kramladen und etliche einfache Kampong-Häuser, umgeben von wuchernden Gärten, bilden das Zentrum der langgestreckten, 10,2 km² großen Insel. Sie lässt sich am besten per Fahrrad erkunden. Eine Radtour führt vorbei an Teichen, die vormals zur Fisch- oder Garnelenzucht dienten, an aufgegebenen Kautschuk-, Durian- und Kokosplantagen und alten Granitsteinbrüchen, die sich mit Wasser gefüllt haben (Baden verboten!). Der Sekundärregenwald, der stellenweise alte Plantagen überwuchert, bietet ideale Lebensbedingungen für viele Vogelarten, die hier nisten und brüten. Mit etwas Glück bekommen Sie sogar einen Nashornvogel zu Gesicht.

Ein beliebtes Ausflugsziel im Nordwesten der Insel ist der **Thai-Tempel** beim Kekek Quarry. Im Osten der Insel erstreckt sich das einzigartige, 1 km² große Naturschutzgebiet **Chek Jawa**. Es ist den energischen Protesten von Naturschützern zu verdanken, dass dieses Fleckchen von einem Landgewinnungsprojekt der Singapurer Regierung verschont blieb. Seine verschiedenen Ökosysteme – u. a. Seegrasfelder, Mangrovensümpfe, Watt und die Überreste eines alten Korallenriffs – bilden den

Pulau Ubin – ein idyllischer Rückzugsort vom Großstadttrubel

Ausflüge

Lebensraum für eine vielfältige Fauna und Flora: Seesterne, Seepferdchen, Stachelrochen und Krebse sind hier, nur wenige Kilometer Luftlinie vom internationalen Flughafen entfernt, zu finden. Das Naturreservat kann über einen erhöhten Bohlenweg ohne Voranmeldung erkundet werden (tgl. 8.30–18 Uhr). Intensivere Erkundungstouren sind nur im Rahmen geführter Wanderungen möglich (Buchung: www.nparks.gov.sg).

Infos und Verkehr

Beim Kiosk des **National Parks Office** an der Jetty bekommen Sie eine Karte der Insel. Verpassen Sie nicht die hiesige kleine Ausstellung über die Naturattraktionen auf Ubin.
Die **Webseiten** www.nparks.gov.sg/cms/popup/pulau-attractions.html und chekjawa.nus.edu.sg bieten nützliche und interessante Informationen.
Anfahrt: Um nach Pulau Ubin zu kommen, nehmen Sie die MRT bis Tanah Merah, dann weiter mit Bus 2 zum Changi Bus Terminal. Ab Changi Point Ferry Terminal (Bootsanleger) gibt es einen Fährdienst mit *bumboats* (etwa 6–18 Uhr, S$ 2,50 einfach, kein fester Fahrplan, das Boot fährt nur bei genügend Passagieren).
Fahrradvermietung: In der Nähe der Bootsanlegestelle gibt es zahlreiche Verleihe, Kosten: S$ 8–14 pro Tag.

Kusu Island und St. John's Island ▶ Karte 3

Der Sage nach entstand die kleine **Kusu Island**, als sich eine Meeresschildkröte in einen Felsen verwandelte, um zwei schiffbrüchigen Matrosen (einem Malaien und einem Chinesen) das Leben zu retten. Von der religiösen Bedeutung der Insel zeugen drei heilige islamische Schreine zur Erinnerung an

Syed Abdul Rahman, einen Unternehmer, der eine Reihe von Wohltätigkeitsprojekten förderte, und an seine Familie auf einem Hügel.

An der Küste wurde 1923 der taoistische Tempel **Da Bo Gong** (auch: Tua Pek Kong) erbaut. Im neunten Monat des chinesischen Mondkalenders (Okt./Nov.) kommen rund 130 000 Wallfahrer mit der Fähre hierher, die Tua Pek Kong, den Gott der Händler und des Wohlstands, und Kuan Yin, die Göttin der Barmherzigkeit, um Beistand bitten.

Zum ungestörten Sonnenbaden und Schwimmen steuern Sie besser die 6,5 km vom Festland entfernte **St. John's Island** an. Auf der Insel scheint der Betondschungel der Großstadt in weite Ferne gerückt. Allerdings kann angesichts der angelegten Wege, Grillstellen, Campingplätze, künstlichen Badelagunen und Fußballfelder von einem echten Naturerlebnis keine Rede sein. Eine Cafeteria verkauft Getränke und ein paar Lebensmittel. Bei den öffentlichen Toiletten befinden sich auch Duschen. Wenn Sie möchten, können Sie nach vorheriger Buchung (www.sentosa.com.sg/en/nature/southern-islands/st-johns-island) auf St. John's in Bungalows übernachten.

Verkehr

Ab Marina South Pier können Sie mit **Singapore Island Cruise** (Tel. 65 34 93 39, islandcruise.com.sg) auf die kleinen vorgelagerten Inseln übersetzen, Abfahrten Mo–Fr 10 und 14, Sa 9, 12 und 15 Uhr, So 9–17 Uhr alle 2 Std. Die letzten Fähren zurück auf die Hauptinsel fahren Mo–Fr um 14.45 Uhr ab St. John's und um 16 Uhr ab Kusu, Sa um 15.45 Uhr bzw. 16.30 Uhr und So um 17.50 Uhr bzw. 18.15 Uhr. Ticket S$ 15, Kinder S$ 12, inkl. Eintritt für die Inseln. Dauer der Überfahrt nach Kusu ca. 15 Min., nach St. John's ca. 45 Min.

Zu Gast in Singapur

Wer einmal hier is(s)t, wird dieses Erlebnis so schnell nicht vergessen. Im Equinox Restaurant im 70. Stock des Swissôtel The Stamford wird das exzellente Dinner mit einem atemberaubenden Blick auf die Skyline einer der modernsten Metropolen der Welt gekrönt.

Übernachten

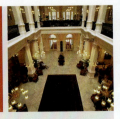

Sterne-Hotels
An exklusiven 5-Sterne-Hotels herrscht kein Mangel. Sie bestechen durch ein luxuriöses Ambiente und innovative Restaurant- und Barkonzepte. Auch in der Kategorie der 4- und 3-Sterne-Hotels ist die Auswahl groß. Allerdings herrschen hier Kastenbauten vor, die meist gut ausgestattet, aber profillos sind.

Boutique-Hotels
Kleine edle oder hippe Boutique-Hotels sind in den alten, schmalen Ladenhäusern der Altstadt entstanden. Wenn Sie auf große Zimmer und einen Pool verzichten können, werden Sie mit ungewöhnlichem Design und authentischem Flair entschädigt.

Flashpacker
Besonders moderne, durchgestylte und komfortable Unterkünfte für Einzelreisende mit gehobenen Ansprüchen. Zumeist mit bequemen Schlafsaalbetten.

Budget-Bereich
Manchmal sind diese Hotels für das Gebotene überteuert, die Sauberkeit lässt zu wünschen übrig, oder es handelt sich um Stundenhotels. Eine Alternative sind Hostels, die neben Schlafsaalbetten in der Regel auch einfache Zimmer mit Gemeinschaftsbädern anbieten.

Preisniveau
Das Preisniveau ist eher mit Europa als dem Rest Südostasiens vergleichbar. Ein Doppelzimmer kostet selbst in den billigsten Hostels mindestens S$ 60, in Hotels S$ 120. In einer Mittelklasseunterkunft zahlen Sie ab S$ 200, Luxushotels sind deutlich teurer. Beachten Sie das ›Plus Plus‹: Die Preise in Hotels und Restaurants werden so gut wie immer netto angegeben (z. B. S$ 150++), d. h. Sie müssen 10 % Servicegebühr und 7 % Steuern addieren.

Zentral wohnen
Die Lage der Unterkunft ist in Singapur wichtiger als anderswo – Fußwege, die man in Mitteleuropa mühelos zurücklegt, werden in der schwülen Hitze schnell anstrengend. Taxifahrten sind zwar günstig, aber die Nähe der Unterkunft zur klimatisierten MRT erleichtert den Aufenthalt um einiges.

Unterkünfte im Internet
www.yoursingapore.com
www.asiarooms.com
www.expedia.com
www.hostelbookers.com (auf günstige Hostels spezialisiert)
www.tripadvisor.com (zahlreiche Kommentare, v. a. zu Unterkünften)

Reservierung
Sollten Sie bei Ihrer Ankunft kein Zimmer reserviert haben, gehen Sie am besten zu den rund um die Uhr geöffneten Schaltern der Singapore Hotel Association (SHA, Tel. 65 13 02 33) in allen Terminals des Changi Airport.

Übernachten

Günstig und nett

Hip und gemütlich – **Hangout @ Mt Emily:** ■ **Karte 2, D 6**, 10 A Upper Wilkie Road, Tel. 64 38 55 88, www.hangouthotels.com, MRT Little India, DZ ab S$ 115, Bett im Schlafsaal ab S$ 40. Das saubere, zweckmäßig und farbenfroh eingerichtete Budgethotel punktet mit modernem Design. Die Lage auf einem grünen Hügel nördlich der Orchard Road könnte kaum besser sein. Die Highlights sind der gemütliche Gemeinschaftsraum mit LCD-TV und Internetzugang und die Dachterrasse mit kleinem Pool und unverbautem Ausblick auf die City.

Zurück in die Vergangenheit – **Hotel 1929:** ■ **Karte 2, C 9**, 50 Keong Saik Road, Tel. 63 47 19 29, www.hotel 1929.com, MRT Outram Park, EZ ab S$ 150, DZ ab S$ 170. In fünf alte Ladenhäuser gebautes, im Retro-Stil gehaltenes Boutique-Hotel mit 32 kleinen Zimmern, die individuell mit klassischen Designer-Möbeln bestückt sind. Die Gegend wirkt mit ihrer Mischung aus trendigen Hotels und Bars recht bunt. Das hauseigene Restaurant Ember (s. S. 94) ist stadtbekannt.

Zahlreiche Filialen, gute Preise – **Hotel 81:** ■ **Karte 2, D 9**, 181 New Bridge Road, Tel. 63 24 81 81, www. hotel81.com.sg, MRT Chinatown, DZ ab S$ 118, 24 weitere Niederlassungen im Stadtgebiet. Wie dieses bläulich gestrichene Haus mit 99 Zimmern im Herzen der Chinatown bieten alle Filialen kleine, zweckmäßig und modern eingerichtete Mittelklasse-Zimmer mit LCD-TV und Klimaanlage, aber leider häufig ohne Fenster. Was Sie vermissen könnten, sind Gemeinschaftsräume. Trotz recht steriler Atmosphäre sind die Hotels eine gute Wahl.

Asiatisch und freundlich – **Perak Hotel:** ■ **Karte 2, E 5**, 12 Perak Road, Tel. 62 99 77 33, www.peraklodge.net, MRT Little India, EZ/DZ ab S$ 150. Angenehmes Hotel im Peranakan-Stil in einem renovierten, zweistöckigen Ladenhaus im Herzen von Little India. Die einfachen Zimmer mit schmalen Matratzen, Klimaanlage und TV sind gemütlich möbliert. Die billigen Standardzimmer mit kleinen Fenstern sind aber recht dunkel.

Angenehme Atmosphäre – **Sleepy Sam's:** ■ **F 6**, 55 Bussorah Street, Tel. 96 95 93 31, www.sleepysams.com, MRT Bugis, EZ S$ 59, DZ S$ 89, Bett im Schlafsaal S$ 22–28, alle inkl. Frühstück. Das beliebte, ruhige und wohnliche Hostel ist in einer alten Ladenhäuserzeile im Herzen von Kampong Glam untergebracht. Neben recht beengten Zimmern mit Fenster und Klimaanlage gibt es auch Schlafsäle, darunter einer nur für Frauen. Ein Aufenthaltsraum, eine moderne Gemeinschaftsküche, kostenloser Internetzugang und die hilfreichen Informationen des neuseeländischen Besitzers komplettieren das Angebot. Reservieren!

Günstiger Klassiker – **South East Asia Hotel:** ■ **Karte 2, E 6**, 190 Waterloo Street, Tel. 63 38 23 94, www. seahotel.com.sg, MRT Bugis, DZ ab S$ 100. Das etablierte Budgethotel in einer Fußgängerzone 5 Min. von der Bugis Junction entfernt bietet ein gutes Preis-Leistungs-Verhältnis. Die Zimmer mit Klimaanlage und Dusche sind zwar schlicht, aber sauber. Im hauseigenen Restaurant wird chinesische vegetarische Küche aufgetischt.

Super gut und günstig – **The Inn Crowd:** ■ **Karte 2, E 5**, 73 Dunlop Street, Tel. 62 96 91 69, www.the-inn-

Übernachten

crowd.com, MRT Little India, DZ S$ 59, Bett im Schlafsaal S$ 20. Der effiziente Service macht sich angenehm bemerkbar. Die sauberen, luftigen Räume mit Klimaanlagen sind in 20 Kabinen mit 2–17 Betten unterteilt, zudem gibt es weitere Zimmer. Nebenbei bieten die Macher alles, was junge Reisende brauchen: gesellige Gemeinschaftsräume mit TV, DVD-Player, kostenlosem Internet und Billardtisch, Dachterrasse, Küche und direkt nebenan ein Café, das leckere Burger und Pizza zubereitet.

Moderner Hightech – **Wink Hostel:** ■ **Karte 2, D 9**, 8A Mosque Street, Tel. 62 22 29 40, www.winkhostel.com, MRT Chinatown, Bett im Schlafsaal S$ 50, Doppelbett S$ 90. In dem minimalistisch mit viel Weiß gestalteten, blitzblanken Flashpacker gibt es nur Schlafsaalbetten. Die originell in kojenartigen Fächern untergebrachten Kabinen punkten mit allerlei Technik. Wenn ein Gast mit seiner Keycard die Tür öffnet wird das dazugehörige Bett automatisch dezent erleuchtet. Schöne Gemeinschaftsräume mit Küche und LCD-TV.

Stilvoll wohnen

Gute Mittelklasse – **Bayview Hotel:** ■ **Karte 2, E 6**, 30 Bencoolen Street, Tel. 63 37 28 82, www.bayviewhotels.com/singapore, MRT Bras Basah, DZ ab S$ 170. Das 3-Sterne-Hotel in einem Hotelkasten bietet eines der besten Preis-Leistungs-Verhältnisse in dieser Kategorie. Die Zimmer sind sauber und mit dem üblichen Komfort ausgestattet. Pool auf dem Dach.

Mittendrin und cool – **Gallery Hotel:** ■ **C 8**, 1 Nanson Road, Robertson Quay, Tel. 68 49 86 86, www.galleryhotel.com.sg, MRT Clarke Quay, DZ ab S$ 220. Im Ausgehviertel Robertson Quay gibt der farbenfrohe, aber kühl mit Stahl und Glas gestaltete Bau die moderne Designrichtung vor. Die Fenster in den Zimmern reichen teilweise vom Boden bis zur Decke. Im Restaurant soll es die beste Laksa der Stadt geben.

Luxus mit Gänsehautaussicht – **Marina Bay Sands:** ■ **F 9**, 2 Bayfront Ave., Tel. 66 88 88 68, www.marinabay

Das legendäre Raffles Hotel ist das erste Hotel am Platz

Übernachten

Stopover-Programme

Preisgünstig sind die Angebote des Stopover-Programms von Singapore Airlines bei einem Zwischenstopp. Sie schließen eine oder mehrere Übernachtungen, Flughafentransfers sowie Sightseeingtouren mit ein. Weitere Informationen: www.singaporeair.com unter ›Singapore Stopover‹.

sands.com, MRT Marina Bay, DZ ab S$ 490. Das mit 2561 Luxuszimmern größte und opulenteste Hotel der Stadt (s. S. 58) ist in den drei charakteristischen, auf den Dächern verbundenen, 55-stöckigen Türmen untergebracht. In 191 m Höhe können Gäste auf dem SkyPark in einem der beeindruckendsten Überlaufpools der Welt schwimmen oder an einem der 600 Casinotische ihr Glück versuchen.

Kunst zum Anfassen – **New Majestic Hotel:** ◼ **C 10**, 31–37 Bukit Pasoh Road, Tel. 65 11 47 00, www.newmajestichotel.com, MRT Outram Park, DZ ab S$ 250. Verteilt über die weiß gekachelte Lobby stehen Sessel und Stühle im nüchternen Stil der 1950er-Jahre, an der unrenoviert belassenen Decke drehen sich träge Ventilatoren – auf den ersten Blick wird klar, dass dieses Designerhotel seinesgleichen sucht. Jedes der 30 kleinen Zimmer ist von einem Künstler gestaltet und ein Unikat mit Wandmalereien, witzigen Installationen und origineller Einrichtung. Exzellentes kantonesisches Restaurant und Pool.

In einer anderen Welt – **Shangri-La Hotel Singapore:** ◼ **Karte 3,** 22 Orange Grove Road (westlich der Orchard Road), Tel. 67 37 36 44, www.shangri-la.com/singapore, MRT Orchard, DZ ab S$ 403, Suiten ab S$ 786. Inmitten ausgedehnter Grünanlagen fühlt man sich weit weg von der pulsierenden City, ist aber zugleich innerhalb

weniger Minuten mitten im Trubel. Das großartige Luxushotel ist daher genauso gut für einen Urlaub wie für eine Geschäftsreise geeignet. Hoteleigener Shuttlebus zur Orchard Road.

Das berühmteste Hotel – **The Raffles:** ◼ **Karte 2, E 7**, 1 Beach Road, Tel. 63 37 18 86, www.raffleshotel.com, MRT City Hall, ab S$ 790, nur Suiten. Schon kurz nach seiner Gründung im Jahr 1886 war das Raffles das erste Hotel am Platz (s. S. 30). Seit seiner Renovierung in den 1990er-Jahren bietet das Grandhotel 103 Suiten, die sowohl mit authentischer Kolonialatmosphäre als auch jedem nur erdenklichen modernen Komfort punkten. Das allgemeine Publikum kann in der berühmten Long Bar einen Singapore Sling (s. S. 13) genießen.

Preisgekrönt – **The Scarlet:** ◼ **Karte 2, D 10**, 33 Erskine Road, Tel. 65 11 33 33, www.thescarlethotel.com, MRT Chinatown, DZ ab S$ 175, Suiten ab S$ 395. Ein dreistöckiges Ladenhaus im Südosten der Chinatown beherbergt luxuriös im Kolonialstil oder orientalisch angehauchte, fantasievoll gestaltete Zimmer. Die günstigsten sind zwar gut ausgestattet, haben aber keine Fenster. Am oberen Ende der Preisskala rangieren die fünf perfekt durchgestylten, thematisch und farblich unterschiedlich eingerichteten Suiten. Verpassen Sie nicht die Bar mit Grill auf der romantischen Dachterrasse!

89

Essen und Trinken

Ein Paradies für Gourmets

Wenn es eine Leidenschaft gibt, die alle Singapurer vereint, dann ist es das Essen. Schon der übliche Gruß um die Mittagszeit »Sudah Makan?« oder »Had your lunch?« (Haben Sie schon zu Mittag gegessen?) bestätigt das. Für Besucher ist Singapur ein wahres Gaumenparadies, denn hier können sie sich durch so gut wie alle Küchen Asiens schlemmen.

Aufgrund der multikulturellen Bevölkerung sind die chinesische, indische und malaiisch-indonesische Kochkunst am häufigsten vertreten. Die Kochstile haben sich aber auch gegenseitig beeinflusst. Ein hervorragendes Ergebnis dieser Symbiose ist die **Peranakan-Küche** (auch Nyonya-Küche genannt) der Straits-Chinesen, die vor drei Jahrhunderten meist aus Südchina einwanderten. So gut wie alle anderen asiatischen Küchen sind ebenfalls mit guten Restaurants vertreten.

Wer asiatischem Essen nichts abgewinnen kann, bekommt in Singapur problemlos vielerlei westliche Speisen, von Haxen mit Sauerkraut und Bratwurst über italienische Pasta und Pizza bis hin zu einem französischen 6-Gänge-Gourmet-Menü.

Preisniveau

Gut essen muss in Singapur beileibe nicht teuer sein. Selbst die auf Statussymbole fixierten Einheimischen lieben die einfachen Food Centres, Food Courts und Kopi Tiams. Die Einrichtung besteht dort meist aus Plastikmobiliar, beleuchtet von grellem Neonlicht – nicht gerade das, was Mitteleuropäer unter Gemütlichkeit verstehen. Zum Verweilen sind sie allerdings auch nicht gedacht. Man kommt, verzehrt das (hervorragende) Essen, bezahlt die (niedrige) Rechnung und geht.

Daneben gibt es in Singapur selbstverständlich auch einheimische und internationale Restaurants aller Küchen und Preisklassen. In vielen bekommt man schon für S$ 10 eine vollwertige Mahlzeit. In exklusiveren Restaurants kann die Rechnung durchaus mitteleuropäisches Preisniveau erreichen oder übersteigen.

Wohin zum Essen?

In Singapur sind mobile Garküchen, die es traditionell in ganz Südostasien gibt, seit langem aus hygienischen Gründen von der Straße verbannt und in überdachten **Food Centres** oder **Hawker Centres** zusammengefasst worden. Die Stände gruppieren sich um nummerierte, fest im Boden verankerte Tische und Hocker und sind auf verschiedene Regionalküchen oder einzelne Gerichte spezialisiert. Sie bestellen am Stand Ihrer Wahl, das Essen wird dann an den Tisch gebracht und sofort bezahlt. Getränke werden oft von einem zentralen Stand aus verkauft. Um die Mittagszeit und zum Abendessen strömen hungrige Singapurer in das nächstgelegene Food

Essen und Trinken

Centre, das dann brechend voll werden kann. In der Regel haben die Stände hier bis 20 oder 21 Uhr geöffnet.

Food Courts sind die optisch ansprechendere Variante des Food Centres. Sie sind oft im Ober- oder Untergeschoss eines Einkaufszentrums angesiedelt, voll klimatisiert und bieten einen ebenso vielseitigen Querschnitt der einheimischen Küche wie die Hawker Centres.

Kopi Tiam (malaiisch *kopi* = Kaffee und hokkien *tiam* = Laden) sind kleine Lokale oder eine Ansammlung von Garküchen. In den Wohngebieten befinden sie sich meist neben anderen Kramläden im Erdgeschoss der großen Hochhausblocks. Hier bekommen Sie Tee, Kaffee, Toast, weich gekochte Eier, Kaya (s. S. 114) und meist auch einige andere Snacks.

Frühstück

In Singapur wird zwischen ›Continental Breakfast‹ (Toast, Marmelade, Saft, Kaffee oder Tee) und ›Full Breakfast‹ bzw. ›American Breakfast‹ (Spiegel- oder Rühreier, gebratener Frühstücksspeck, Hash Browns – eine Art Rösti –, Toast, Saft, Kaffee oder Tee) unterschieden. Die meisten großen Hotels bieten ein umfangreiches und leckeres Frühstücksbuffet, das die Ausgabe von S$ 20–30 lohnt.

Seafood

Frischer Fisch und tropische Meeresfrüchte erfreuen sich bei den Singapurern besonderer Beliebtheit. Oft wird der Preis nach Gewicht angegeben. Sagen Sie daher am Stand im Hawker Centre genau, wie viel Sie haben wollen, sonst bekommen Sie möglicherweise ein ganzes Kilo auf Ihren Teller getürmt!

Cafés und Teestuben

Frühstücken à la Singapur – **Killiney Kopi Tiam:** ■ **C 6**, 67 Killiney Road, Tel. 67 34 96 48, www.killiney-kopi tiam.com, MRT Somerset, Mo, Mi–Sa 6–23, Di bis 21, So bis 18 Uhr. Als 1919 die erste Filiale in der Killiney Road gegründet wurde, konnte niemand ahnen, dass es 90 Jahre später allein in Singapur 21 Filialen geben würde und weitere in den Nachbarländern hinzukommen würden. Hier werden Kaffee, Tee und ausgezeichneter Kaya-Toast, eine süßliche Singapurer Frühstücksvariante, oder French Toast zum Frühstück oder als Snack serviert. Mittags und abends gibt es gute Currys für unter S$ 10.

Minimalistischer Schick – **tcc (the coffee connoisseur):** ■ **Karte 2, E 7**, 80 Middle Road #01-92–96 Bugis Junction, Tel. 68 37 20 27, www.the coffeeconnoisseur.com, So–Do 8.30–23, Fr und Sa bis 1.30 Uhr. Die ›art boutique cafes‹ dieser Kette heben sich durch moderne Gemälde an den Wänden und kühl-minimalistisch gestylte Inneneinrichtung von der Konkurrenz ab. Filialen u. a. am Peranakan Place, 182 Orchard Road, und Clarke Quay, Block 3E, River Valley Road.

Chinesische Teezeremonie – **Tea Chapter:** ■ **Karte 2, C/D 10**. Hier kommen Sie der chinesischen Tee-Tradition auf die Spur, s. S. 38.

Tee kennenlernen – **Yixing Xuan Teahouse:** ■ **Karte 2, D 10**, 30–32 Tanjong Pagar Road, Tel. 62 24 69 61, www.yixingxuan-teahouse.com, MRT Tanjong Pagar, Mo–Sa 10–21, So bis 19 Uhr. Hier werden ebenfalls Tee-Zeremonien veranstaltet (45 Min. für S$ 20 p. P.), bei denen die Zubereitungsmethoden und Teesorten erklärt werden.

Essen und Trinken

Food Centres und Food Courts

Ein alter Markt – **Lau Pa Sat:** ■ **Karte 2, E 10**, 18 Raffles Quay, Tel. 97 30 99 91, www.laupasat.biz, MRT Raffles Place, einige Stände haben 24 Stunden geöffnet. Schon allein die achteckige viktorianische Markthalle aus Gusseisen mit ihren schlanken Säulen und dem geschwungenen Dach lohnt einen Besuch. Die Preise der rund 50 Garküchen sind etwas höher als in anderen Hawker Centres, dafür sitzt man gemütlicher. Ab 19 Uhr ist die Boon Tat Street für den Verkehr gesperrt, an den Straßenständen werden Satay-Spieße gebrutzelt.

Am Ufer der Marina Bay – **Makansutra Gluttons Bay:** ■ **Karte 2, F 8**, 8 Raffles Avenue #01-15 Esplanade Mall, Tel. 98 95 27 74, www.makansutra.com/eateries_mgb.html, MRT Esplanade, Mo–Do 17–2, Fr u. Sa bis 3, So 16–1 Uhr, für S$ 26–32 gibt es ein Probiermenü mit bis zu 10 Speisen. Zum Andenken an vergangene Tage stehen an der Essensmeile des Esplanade-Kulturzentrums noch einige alte Garküchen-Karren. Einige der Betreiber sollen Nachfahren der damaligen Straßenverkäufer sein.

Beliebter Dauerbrenner – **Maxwell Food Centre:** ■ **Karte 2, D 10**. Preiswertes und sehr gutes Essen in der Chinatown, s. S. 40.

Touristisches Food Centre – **Newton Circus Hawker Centre:** ■ **C 4**, Bukit Timah Road, MRT Newton, tgl. 18–4 Uhr. Die meisten Gerichte unter S$ 10. Newton ist vergleichsweise teuer, aber die Lage an der MRT sehr praktisch. Hier bekommen Hungrige noch in den frühen Morgenstunden den üblichen Rundumschlag durch die Singapurer Küche. Sehr beliebt, aber auch am teuersten, ist Seafood. Lassen Sie sich nichts aufschwatzen!

Die luxuriöse Variante – **StraitsKitchen:** ■ **B 5**, Grand Hyatt Hotel, 10 Scotts Road, Tel. 67 32 12 34, www.singapore.grand.hyattrestaurants.com/straitskitchen, MRT Orchard, tgl. 6.30–

Ein Hawker Center versammelt viele verschiedene Garküchen unter einem Dach

Essen und Trinken

23.30 Uhr. Ein trendiges, beliebtes Restaurant im Luxushotel, das wie ein Food Centre aufgebaut ist. Die Gerichte – ein Querschnitt der Küche Singapurs – werden auf Bestellung vor den Augen der Gäste zubereitet.

Gourmet-Lokale

Edler Franzose – **Au Jardin by Les Amis:** ■ **Karte 3,** EJH Corner House, Singapore Botanic Gardens, 1 Cluny Road, Tel. 64 66 88 12, www.lesamis.com.sg, MRT Botanic Gardens, Di–Fr 12–16, Di–So 19–24, So 11–13 Uhr. Das kleine, aber piekfeine, hochpreisige Restaurant liegt herrlich in einem alten Kolonialhaus mitten im Botanischen Garten. Es serviert erstklassige sechsgängige Menüs für S$ 150 sowie Gerichte à la carte und eignet sich bestens für besondere Anlässe. Reservierung ratsam.

Idyllisches Ambiente – **Flutes at the Fort:** ■ **Karte 2, D 7,** 23B Coleman Street, Tel. 63 38 87 70, www.flutes.com.sg, MRT City Hall, Mo–Fr 12–14 und 18.30–22 Uhr, Sa 11–14.30 und 18.30–22.30 Uhr. In ruhiger Lage in einem gepflegten Kolonialhaus am Fort Canning Park. Hier wird teure australisch angehauchte Kolonialküche aus hochwertigen Zutaten auf der romantischen Veranda oder im gekühlten Innenraum serviert.

Prämiertes Kantonesisch – **Hai Tien Lo:** ■ **F 8,** Pan Pacific Hotel, Raffles Boulevard, Tel. 68 26 82 40, www.panpacific.com/en/singapore/restaurants_bars/Hai_Tien_Lo.html, MRT Promenade, Mo–Fr 12–14.30, 18.30–21.30, Sa u. So ab 11.30 Uhr, Hauptgerichte S$ 25–40, Set Lunch um S$ 40. Während sich vor Ihnen im 37. Stock Singa-

purs Skyline ausbreitet, können Sie hervorragende kantonesische Gerichte genießen. Es hat schon seinen Grund, dass das Hai Tien Lo mehrmals zum Restaurant des Jahres gekürt wurde.

Mit Blick auf den Fluss – **IndoChine Waterfront Restaurant:** ■ **Karte 2, E 8,** Asian Civilisations Museum, 1 Empress Place, Tel. 63 39 17 20, www.indochine.com.sg, MRT Raffles Place, Mo–Fr 12–15, So–Do 18.30–23.30, Fr und Sa bis 0.30 Uhr, Hauptgericht S$ 20–55. Elegantes Restaurant an der Mündung des Singapore River. Sie können auf der großen Terrasse unter freiem Himmel speisen oder drinnen umgeben von kostbaren Antiquitäten. Unverkennbar sind Einflüsse aus Laos, Kambodscha und Vietnam. Die Bar Opiume im gleichen Gebäude und das preiswertere Restaurant Siem Reap gehören ebenfalls dazu.

Australien-Feeling – **The Moomba:** ■ **Karte 2, E 9,** 52 Circular Road, Tel. 64 38 01 41, www.themoomba.com, MRT Raffles Place, Mo–Fr 11–14.30, Mo–Sa 18.30–22 Uhr, Hauptgerichte S$ 35–60. Australien ist das Leitmotiv dieses feinen Restaurants. Serviert wird neue australische Küche, leicht, fantasievoll und manchmal mit einem kreativen ›East-meets-West‹-Touch versehen. Nahezu alle Zutaten sind aus Downunder importiert, natürlich auch der Wein.

Gut und günstig

Essen vom Bananenblatt – **Banana Leaf Apolo:** ■ **E 5.** Eines der beliebtesten seiner Art, s. S. 52.

Authentische Hainan-Küche – **Chin-Chin Eating House:** ■ **Karte 2, F 7,** 19 Purvis Street, Tel. 63 37 46 40, MRT

93

Essen und Trinken

Bugis, tgl. 7–21 Uhr. Das kleine Lokal in Familienbesitz ist gut und preisgünstig. Empfehlenswert ist das Hainanese Claypot Mutton (zarter Hammel im Tontopf mit Karotten, Lauch und chinesischen Pilzen in dunkler Soße).

Laksa original – **Katong Laksa:** ■ **Karte 3**, 51 East Coast Road, Tel. 97 32 81 63, MRT Paya Lebar, tgl. 8–22 Uhr, um S$ 5. Die Katong Laksa wird ohne Stäbchen nur mit Porzellanlöffel serviert. Gleich vier Restaurants in der East Coast Road (Nr. 51, 47, 57 und 328) streiten um das Attribut ›das ursprüngliche Katong-Laksa-Restaurant‹ zu sein.

Hausgemachte Nudeln — **Lan Zhou La Mian:** ■ **Karte 2, D 9**. Hier gibt's leckere Nudelgerichte und gefüllte Teigtaschen, s. S. 38.

Schmackhaftes Essen, mürrischer Service – **Qun Zhong Eating House:** ■ **Karte 2, C 10**, 21 Neil Road, Tel. 62 21 30 60, MRT Tanjong Pagar, Do–Di 11.30–15 und 17.30–21.30 Uhr, Hauptgerichte unter S$ 10. Ein weiteres kleines, von einer Familie betriebenes Shanghai-Restaurant. Vor allem die *dumplings* (gefüllte Klöße, chinesisch *jiao zi*) in zahlreichen Variationen sind ausgesprochen lecker. Leider ist der Service nicht besonders freundlich.

Crêpes à la Singapur – **Zam Zam Restaurant:** ■ **F 6**. Fast schon eine Institution für die Spezialität des Hauses: Murtabak-Pfannkuchen, s. S. 55.

Leckeres Vietnamesisch – **Va Va Voom Café:** ■ **Karte 2, E 7**, 36 Seah Street, Tel. 63 36 12 48, MRT City Hall, tgl. 11–22 Uhr, Hauptgericht S$ 7–15. Kleines, beliebtes Restaurant im Café-Stil. Leichte, preisgünstige vietnamesische Gerichte und eine große Auswahl

an Desserts sowie Säften, Tees und Kaffees. Die Pho-Nudelsuppe und die Spezialität des Hauses, Morning Glory Beef (Rindfleisch mit einheimischem Gemüse), sind empfehlenswert.

Szene und Ambiente

Kreative Fusion-Küche – **Ember Restaurant:** ■ **Karte 2, C 10**, Hotel 1929, 50 Keong Saik Road, Tel. 63 47 19 28, MRT Outram Park, Mo–Fr 11.30–14, Mo–Sa 18.30–22 Uhr, Hauptgerichte ab S$ 30. Im modern-spartanisch eingerichteten Restaurant wird nach dem Motto ›East meets West‹ westlich-mediterran mit asiatischem Touch gekocht. So finden sich z. B. Tintenfisch-Pasta oder Seafood mit Wasabi auf der Speisekarte. Der Koch hat früher im Raffles Hotel gearbeitet. Gemessen an der Qualität und dem hippen Ambiente sind die Preise zivil. Reservierung empfehlenswert!

Unglaubliche Aussicht – **Equinox Restaurant:** ■ **Karte 2, E 7**, 70. Stock, Swissôtel The Stamford, 2 Stamford Road, Tel. 68 37 33 22, www.equinoxcomplex.com, MRT City Hall, Mittagessen Mo–Sa 12–14.30, So ab 11, High Tea tgl. 15.30–17, Abendessen tgl. 18.30–22.30 Uhr, Hauptgerichte ab S$ 50, Menüs ab S$ 117. Die Aussicht ist im wahrsten Sinne des Wortes nicht zu toppen: Das Restaurant in 226 m Höhe ist so angelegt, dass man von jedem Tisch einen unverstellten Ausblick durch die hohe, vom Fußboden bis zur Decke reichende Fensterfront hat. Auch das westliche und asiatische Essen ist spitze.

Trendy Luxus – **Mezza9:** ■ **B 5**, Grand Hyatt Hotel, 10 Scotts Road, Tel. 67 32 12 34, www.singapore.grand.hyattres

Essen und Trinken

Im Restaurant Mezza9 lassen sich die Köche bei der Arbeit über die Schulter schauen

taurants.com/mezza9, MRT Orchard, Mo–Sa 12–23 Uhr. Das edel mit dunklem Holz eingerichtete, stilvolle Restaurant besticht durch exzellente, hochpreisige Gerichte und die offen einsehbaren Küchenbereiche. Hier bekommen Sie von allem nur das Beste: Sushi, westliches Gegrilltes, und chinesisches Seafood in köstlichen Variationen. Dazu die größte Martini-Bar der Stadt.

Innovatives Konzept, Küche und Cocktails – **The Tippling Club: Karte 3,** 8D Dempsey Road, Tel. 64 75 22 17, www.tipplingclub.com, MRT Holland Village, Mo–Sa ab 18, Sa auch 12–15 Uhr, Menüs ab S$ 150, Cocktails ab S$ 25. Im schicken Dempsey liegt dieses angesagte Restaurant im minimalistisch gestalteten Stil eines modernen Labors. Rund um die einsehbare Küche und Bar werden ebenso kreativ zusammengestellte wie angerichtete Menüs sowie erstklassige Cocktail-Kreationen serviert. Die Molekularküche ist ein ganz besonderes Erlebnis!

Höhenflüge – **Skydining Karte 3,** Abfahrt von der Jewel Box, 109 Mount Faber Road, Tel. 63 77 96 88, www.mountfaber.com.sg, tgl. 18–20 Uhr. Während Sie in einer Seilbahnkabine vom Mount Faber über HarbourFront dreimal nach Sentosa und wieder zurück schweben, wird Ihnen ein westliches Menü serviert. Der Spaß dauert anderthalb bis zwei Stunden und kostet für zwei Personen mit vier Gängen S$ 255 oder mit 3 Gängen S$ 195 (nur Mo–Do) inkl. ein Glas Wein und Sekt.

Typisch Singapur

Alles schön klein geschnitten – **Beach Road Scissor-Cut Curry Rice: Karte F 5,** Jalan Besar Ecke Kitchener Road, Tel. 98 26 14 64, MRT Farrer Park, tgl. 11.30–3 Uhr. Sehr beliebtes, offenes Restaurant, das Curry-Reis serviert, bei dem die einzelnen Zutaten mit einer Schere kleingeschnitten werden. Auf Plastikhockern sitzend die großen Por-

Essen und Trinken

tionen zu genießen ist eine authentische Erfahrung. Eine Portion Reis, der mit 15 Gewürzen verfeinert wird, kostet S$ 0,50–1, weitere Zutaten S$ 0,50–1,20.

Köstliche Nyonya-Küche – **Blue Ginger Restaurant:** ■ **Karte 2, D 10**, 97 Tanjong Pagar Road, Tel. 62 22 39 28, www.theblueginger.com, MRT Tanjong Pagar, tgl. 12–14.30 und 18.30–22.30 Uhr, Gerichte in kleinen Portionen für unter S$ 20. Ein alteingesessenes, gemütliches Restaurant in einem restaurierten Ladenhaus, dessen liebevolle Einrichtung an ein altes Kopi Tiam erinnert. Probieren Sie Assam Puteh (Sauer-Scharf-Suppe mit Seafood), als Hauptgericht Babi Pong Tay (gedünstete Schweineschulter in Bohnenpaste) und zum Nachtisch die Spezialität des Hauses Durian-Chendol (Durian auf geraspeltem Eis mit Kokosmilch übergossen).

Seafood satt – **Long Beach Seafood Restaurant:** ■ **Karte 3**, 1018 East Coast Parkway, Tel. 64 45 88 33, www.longbeachseafood.com.sg, MRT Kembangan, So–Fr 11–15, 17–24, Sa bis 1 Uhr, die meisten Gerichte unter S$ 30. Eines der besten unter den zahlreichen Seafood-Restaurants, die sich an der East Coast aneinanderreihen. Die Spezialität ist Sri Lankan Crab in Black Pepper Gravy (Krebs in schwarzer Pfeffersoße). Abends sollte man reservieren.

Beliebter Dauerbrenner – **Muthu's Curry Restaurant:** ■ **E 4**, 138 Race Course Road, Tel. 63 92 17 22, www.muthuscurry.com, MRT Farrer Park, tgl. 10–22 Uhr, viele Gerichte unter S$ 10. In dieser Gegend servieren zahlreiche südindische Restaurants Currygerichte. Eines der besten hat sich seit 1969 vom einfachen, chaotischen Curryhaus zum schicken Restaurant gewandelt. Die Qualität des Fish Head Curry (ab S$ 22) ist unverändert gut.

Essen wie auf Sumatra – **Sabar Menanti:** ■ **F 6,** 48 Kandahar Street, Tel. 63 96 69 19, MRT Bugis, tgl. 9–18 Uhr.

In Emerald Hill locken Lokale mit Tischen im Freien

Essen und Trinken

Im historischen Kampong Gelam sind nicht nur die einst heruntergekommenen Häuser attraktiv saniert worden, auch der stadtbekannte Essensstand hat sich zu einem hübschen, aber immer noch preisgünstigen Padang-Restaurant gewandelt. Man sucht sich die rot und gelb leuchtenden Currygerichte aus und zahlt nur, was man gegessen hat, aber Vorsicht: Einige Gerichte sind sehr scharf. Weitere Filiale vor der Moschee in derselben Straße.

Essen wie im alten Singapur – **Yet Con Hainanese Chicken Rice & Restaurant:** ■ **Karte 2, F 7,** 25 Purvis Street, Tel. 63 37 68 19, MRT Esplanade, tgl. 10–22 Uhr. Seit 1940 wird in diesem einfachen chinesischen Familienbetrieb Chicken Rice (s. S. 114), Roast Pork Chop (Schweinekotelett) und sehr leckeres Steamboat serviert. Das alte Restaurant ist nicht besonders sauber und wurde auf der Singapurer Reinheitsskala nur mit C eingestuft, hat aber viel Atmosphäre und ist preiswert.

Vegetarisch

Vegetarisch mit sozialem Anspruch – **Annalakshmi:** ■ **Karte 2, C 8,** #01-04, Central Square, 20 Havelock Rd., Tel. 63 39 99 93, www.annalakshmi. com.sg, MRT Clarke Quay, tgl. 18–21.30 und Di–So 11–15 Uhr. Das schön eingerichtete Restaurant serviert vegetarische Gerichte aus allen Regionen Indiens, aber keinen Alkohol. Für das Essen spenden Gäste, was sie für angebracht halten. Mit den Einnahmen werden soziale Projekte finanziert. Fr–So mittags und abends Buffet.

Gesunde Gerichte ohne Fleisch – **Ci Yan Organic Vegetarian Health Food:** ■ **Karte 2, D 9,** 8 Smith Street,

Tel. 62 25 90 26, tgl. 12–22 Uhr, Gerichte für S$ 5–7. Mitten in der Chinatown serviert Madame Wong gesunde vegetarische Gerichte aus biologisch angebauten Zutaten. Jeden Tag werden 4–6 verschiedene chinesische Speisen angeboten, Basis ist immer ein Brown Rice Set mit Tempeh (fermentierte Sojabohnen), Bohnen und Bittergurke.

Indischer Klassiker – **Komala Vilas:** ■ **Karte 2, E 5**, 76-78 Serangoon Road und 12-14 Buffalo Road, Tel. 62 93 69 80, www.komalavilas.com.sg, MRT Little India, tgl. 7–22.30 Uhr, Hauptgerichte um S$ 10. In dem alteingesessenen südindisch-vegetarischen Restaurant werden Currygerichte auf Bananenblättern serviert. An der Kasse werden auch Snacks, salziges Knabbergebäck *(murukku)* und Süßigkeiten verkauft.

Ein etwas anderer Vegetarier – **Ling Zhi Vegetarian Restaurant:** ■ **A 5**, Liat Towers #05-01, 541 Orchard Road, Tel. 67 34 37 88, www.lingzhivegetarian.com, MRT Orchard, tgl. 11.30–15 und 18–22 Uhr, Hauptgerichte S$ 16–25. Hier wird die leckere chinesisch-vegetarische Küche mit Einflüssen aus anderen Ländern variiert. Das Ergebnis sind z. B. japanische Pilze in Rösti-Körbchen. Filiale in der Novena Square Mall, 238 Thompson Road.

Leckere Gerichte ohne Fleisch – **Vegsenz:** ■ **Karte 2, E 5**, 2 Serangoon Road, 1/F The Verge (Tekka Mall), Tel. 63 92 03 69, tgl. 10–22 Uhr. In der geschäftigen Tekka Mall bietet das Restaurant eine gute Auswahl an chinesischen und westlichen vegetarischen Speisen zu moderaten Preisen. Die bunten Nudeln sind eine leckere, gesunde und gleichzeitig kreative Wahl. An das Restaurant angeschlossen ist ein kleiner Laden, der Bio-Produkte verkauft.

Einkaufen

Einkaufsparadies Singapur
Ein Laden kommt selten allein im einkaufsverrückten Singapur – zuweilen sind sie in einer Ladenpassage (Shopping Arcade) zusammengefasst, meistens jedoch in mehrstöckigen Shoppingcentern oder Malls, die unter einem Dach Hunderte von Geschäften aller Größenordnungen beherbergen. Viele Shoppingcenter bieten eine bunte Mischung, manche sind hingegen auf den Verkauf ganz bestimmter Artikel, wie Designer-Labels oder Elektronik, spezialisiert.

Straßenmärkte
Singapurer besuchen voller Begeisterung **Nachtmärkte** *(pasar malam)* in Chinatown, Little India und Geylang Serai, die 3–4 Wochen vor den großen Festen abgehalten werden. Das ganze Jahr über können Sie sich auf dem Chinatown Night and Food Market mit Mitbringseln, Essen und Trinken versorgen ebenso wie auf dem Nachtmarkt in Bugis Village in der North Bridge Road gegenüber der Mall Bugis Junction.

Wo einkaufen?
Um von den schier unglaublichen Einkaufsmöglichkeiten nicht erschlagen zu werden, hier eine Übersicht:
In der **Orchard Road** (s. S. 45) findet sich die größte Konzentration an luxuriösen Malls und Designerläden.
In der Gegend von **Bras Basah/Marina** (▶ E/F 7/8) verbindet die unterirdische Ladenpassage CityLink das Raffles City Shopping Centre mit Marina Square und der Suntec City Mall. Von dieser führen Fußgängerwege zum Millenia Walk. Alle bieten ausgezeichnetes Allround-Shopping für jeden Geschmack und Geldbeutel. Im Marina Bay Sands ist ein großes Luxus-Shoppingcenter ungebracht.
Bugis Junction (▶ E/F 6) an der MRT Bugis ist ein Straßenzug rekonstruierter Ladenhäuser, über den ein Glasdach gestülpt und der mit Klimaanlage versehen wurde.
Chinatown (s. S. 35) bietet große Shoppingcenter, einen Nachtmarkt mit zahlreichen Ständen rund um die Pagoda Street sowie interessante Läden in der Mosque und Club Street.
Little India (s. S. 49) bedeutet Stöbern in der Tekka Mall (The Verge) und Little India Arcade, in den Shops der Serangoon Road und, als Highlight, im Mustafa Centre, einem rund um die Uhr geöffneten Einkaufszentrum der Superlative.
Holland Village (s. S. 81) ist wegen seiner ländlichen Atmosphäre ideal für entspanntes Stöbern nach Kunsthandwerk, kleinen Mitbringseln und preiswerten Textilien.

Öffnungszeiten
Die meisten Geschäfte öffnen tgl. von 10–21 Uhr. Da es aber keine gesetzlichen Vorschriften gibt, handhaben Läden dies individuell.

Einkaufen

Antiquitäten und Kunst

Westlich der Orchard Road verkaufen Geschäfte im Tanglin Shopping Centre, aber auch im Tudor Court und in der Tanglin Mall asiatische Antiquitäten, Möbel, Teppiche, Keramiken, alte Landkarten und Bücher. Sie können zudem in der Dempsey Road vorbeischauen (15 Min. zu Fuß oder Taxi), z. B. bei Yesterdays Antiques and Curios, #01-05 Tanglin Warehouse, Block 13, Dempsey Road. In Chinatown finden Sie in der Mosque Street und Pagoda Street einige interessante Antiquitätengeschäfte.

Schätze aus Asien – **Tanglin Shopping Centre:** ■ **A 5**, 19 Tanglin Road, www.tanglinsc.com, MRT Orchard, die meisten Geschäfte haben Mo–Sa 12–18 Uhr geöffnet. Selbst wenn Sie nichts kaufen möchten, lohnt ein Bummel durch dieses Shoppingcenter, denn mit seiner stillen Atmosphäre und den indirekt beleuchteten Schaufenstern wirkt es wie ein Kunstmuseum. Seit Jahr und Tag verkaufen hier angesehene Antiquitätenhändler edle, teure Antiquitäten aus ganz Asien.

Bücher und CDs

Musik total – **HMV Superstore:** ■ **C 6**, #04-23/24 313@Somerset, 313 Orchard Road, Tel. 67 33 18 22, hmv. com.sg, MRT Somerset, tgl. 10–23 Uhr.

Der größte CD- und DVD-Laden bietet eine große Auswahl von Alternative bis World Music.

Der Größte – **Kinokuniya:** ■ **B 6**, #03-09/10/15 Ngee Ann City Tower B, Takashimaya Shopping Centre, 391 Orchard Road, Tel. 67 37 50 21, www.ki nokuniya.com.sg, MRT Orchard, So–Fr 10–21.30, Sa 10–22 Uhr. Im größten Buchladen Südostasiens stehen über 500 000 Titel zum Verkauf, vor allem auf Englisch, aber auch auf Deutsch. Weitere Filialen in der Bugis Junction Mall und im Liang Court.

In Ruhe schmökern – **Littered with Books:** ■ **Karte 2, C 10,** 20 Duxton Road, Tel. 62 20 68 24, www.littered withbooks.com, MRT Tanjong Pagar, Mo–Do 12–20, Fr bis 21, Sa 11–21, So bis 20 Uhr. Die lesefreudigen Mitarbeiter haben in dem netten kleinen Schmökerladen ausgesuchte Werke mit handschriftlichen Anregungen versehen. Sie helfen Unentschlossenen gern dabei, die richtige Lektüre zu finden.

Bücher über Singapur – **MPH Bookstores:** ■ **Karte 2, E 7,** #B1-24–26 Raffles City Shopping Centre, 252 North Bridge Road, Tel. 63 36 42 32, www.mph.com.sg, MRT City Hall, tgl. 10.30–22 Uhr. Eine kleinere einheimische Buchladenkette, die ein gutes Sortiment an Bildbänden und Büchern über Singapur und die benachbarten

Auf Schnäppchenjagd: Festpreis oder Handeln?

Spottbillig ist Singapur längst nicht mehr. Wenn Sie sich etwas umhören und vielleicht sogar wagemutig ins Gedränge eines Ausverkaufs stürzen, lässt sich jedoch das eine oder andere Schnäppchen machen. In kleinen Läden, in denen die Waren nicht ausgepreist sind, oder auf Märkten können Sie versuchen zu handeln. Fragen Sie nach dem ›best price‹, aber nur, wenn Sie die Ware tatsächlich kaufen wollen.

Einkaufen

Länder führt. Filialen im Einkaufszentrum Novena Square und Millenia Walk.

Südostasien Experte – **Select Books:** ■ **Karte 2 D/E 7,** 51 Armenian Street, Tel. 63 37 93 19, www.selectbooks. com.sg, MRT Bras Basah, Mo–Sa 9.30–18.30, So 10–16 Uhr. *Die* Adresse für alle, die sich genauer mit Südostasien befassen möchten. Der Laden führt englischsprachige Publikationen über alle Bereiche, von Architektur über Geschichte bis hin zu Belletristik.

Gute Auswahl – **Times Bookstore:** ■ **C 6**, #04-8–11 Centrepoint Shopping Centre, 176 Orchard Road, Tel. 67 34 90 22, www.timesbookstores.com. sg, MRT Somerset, tgl. 10.30–21.30 Uhr. Singapurs größte Buchladenkette mit einem umfassenden Sortiment an Sachbüchern und Belletristik. Weitere Filialen u. a. in den Einkaufszentren Paragon und Marina Square und in der Suntec City Mall.

Delikatessen und Lebensmittel

Für ein Picknick wie Zuhause – **Cold Storage:** ■ **C 6**, #B1-14 Centrepoint Shopping Centre, 176 Orchard Road, MRT Somerset, www.coldstorage.com. sg, Mo–Do 9–22, Fr–So bis 22.30 Uhr. Der gut sortierte Supermarkt führt eine vielseitige Auswahl an westlichen Le-

bensmitteln wie Milch, Joghurt, Käse und Aufschnitt. Zahlreiche weitere Filialen, u. a. bei Takashimaya (Ngee Ann City), im China Square in der Cross Street sowie in der Bugis Junction Mall.

Nur das Beste – **Jones the Grocer:** ■ **Karte 3,** Block 9, #01-12 Dempsey Road, Tel. 64 76 15 12, www.jonesthe-grocer.com, tgl. 9–23 Uhr. Das in einem alten Lagerhaus gelegene australische Feinschmeckergeschäft hat sich besonders dem Käse verschrieben, aber auch andere qualitativ (und preislich) hochwertige, wohlschmeckende Produkte finden sich in den Regalen. Eine kleinere Filiale in der Mandarin Gallery.

Floh- und Straßenmärkte

Der größte Straßenmarkt – **Bugis Street:** ■ **Karte 2, E/F 6**, gegenüber vom Parco Bugis Junction, MRT Bugis, tgl. 18–24 Uhr. Die Touristenfalle entlang der Hauptgänge ködert mit T-Shirts, Uhren, Handtaschen und allerlei günstigen Souvenirs. Sobald Sie in die schmalen Gänge vorstoßen, können Sie noch echte Schnäppchen machen.

Markt der Künstler – **MAAD: red dot Design Museum**: ■ **Karte 2, D 10**, 28 Maxwell Road, www.maad.sg, erster oder zweiter Freitag im Monat 17–24 Uhr. Der Market of Artists and De-

Great Singapore Sale

Singapur im Mega-Kaufrausch – bei dem sechs Wochen währenden Ausverkauf von Ende Mai bis Mitte Juli senken Kaufhäuser und Boutiquen, vor allem in der Orchard Road, ihre Preise um bis zu 70 %. Besonders für Bekleidung und Accessoires lohnt es sich, in dieser Zeit auf Schnäppchenjagd zu gehen. Mehr Infos unter www.greatsingaporesale.com.sg.

Einkaufen

Es müssen nicht immer glitzernde Konsumtempel sein – auch Flohmärkte haben ihren Reiz

signers ist nicht nur eine Verkaufsarena für junge Künstler und Kreative, sondern gleichzeitig Ausstellungsfläche, Experimentierfeld und Treffpunkt der Szene. Es werden nur Originale verkauft, daher sind die Preise recht hoch.

Klassiker der Flohmärkte – **Sungei Road Thieves Market:** ■ **F 5**, Sungei Road, MRT Bugis, tgl. 11–19 Uhr. Auf dem größten und ältesten Flohmarkt der Stadt verkaufen über 400 Händler Kuriositäten und Antiquitäten. Den Namen verdankt der Markt dem Umstand, dass er in den 1930er-Jahren der Hauptumschlagplatz für Diebesgut war. Heutzutage verläuft selbstverständlich alles ganz legal.

Klimatisierter Flohmarkt – **Weekend Flea Market:** ■ **Karte 2, D 9**, China Square Central, Level 1 & 2, 18 Cross Street, MRT Chinatown, So 11–18 Uhr. In den unteren Stockwerken des Shoppingcenters China Square bauen am Wochenende mehr als 60 Händler ihre Stände auf. Hier können Sie ohne zu schwitzen Kunsthandwerk, Accessoires, Spielzeug und allerlei Sammlerstücke erstehen.

Geschenke, Design und Kurioses

Südostasien-Klassiker – **Lim's Arts and Living:** ■ Karte 3, #02-01 Holland Village Shopping Centre, 211 Holland Avenue, Tel. 64 67 13 00, www.lims.com.sg, MRT Holland Village, tgl. 9.30–20.30 Uhr. Generationen von Expats haben sich hier mit Kleinmöbeln, Lampen und Deko-Artikeln eingedeckt. Der Laden ist eine Fundgrube für Mitbringsel. Sollten Sie trotzdem nicht erfolgreich sein, stöbern Sie im Textilien-

101

Einkaufen

geschäft nebenan oder gehen Sie um die Ecke in die Lorong Mambong und Lorong Liput.

Edle Souvenirs – **The Heritage Collection:** ■ **Karte 2, D 7,** National Museum, 93 Stamford Road, Tel. 63 36 36 70, www.banyantreegallery.com, MRT Bras Basah, tgl. 10–20 Uhr. Die Filiale im Nationalmuseum bietet eine große Auswahl geschmackvoller, ziemlich teurer Geschenke, u. a. Lesezeichen, Briefpapier, Körbe, kleine Keramikgefäße oder Schmuck. Viele sind inspiriert von den Ausstellungsstücken im Museum oder mit Kalligraphien und Malereien verziert.

Peranakan-Produkte – **Rumah Bebe:** ■ **Karte 3,** 113 East Coast Road, Tel. 62 47 87 81, www.rumahbebe.com, MRT Eunos, Di–So 9.30–18.30 Uhr. Das Geschäft in Katong bietet das Beste an Peranakan-Kunsthandwerk. Sie können aus handbestickten Schuhen, Kebaya (das Oberteil der traditionellen Tracht) und anderen Produkten wählen und bei der Glasperlenstickerei zusehen.

Buntes Allerlei – **Singapore Handicraft Centre:** ■ **Karte 2, D 9,** Chinatown Point, 133 New Bridge Road, MRT Chinatown, tgl. 10–20 Uhr. Die auf vier Stockwerke verteilten Geschäfte verkaufen Seide, Bilder und Kalligrafien, Antiquitäten, Stempel, Keramiken und Porzellan, Schmuck, Vasen und kleine Figuren – fast alles ist chinesisch, aber nicht alles ist geschmackvoll.

Mode

Alles, was in der Modewelt Rang und Namen hat, ist in Singapur mit mindestens einer Boutique vertreten – von Armani über Calvin Klein, Gucci, Hugo Boss, Louis Vuitton, Issey Miyake bis zu Moschino, Prada, Vera Wang und Versace. Wie die Juweliere sind auch die Modeschöpfer in Edel-Malls und Einkaufspassagen der Luxushotels in der Orchard Road und an der Marina Bay zu finden. Daneben sorgt eine erfolgreiche einheimische Modeszene mit eigenständigen Kreationen auch international für Aufsehen.

Mode aus Singapur – **Ashley Isham:** ■ **C 6,** #01-27 Orchard Central, Tel. 65 09 54 08, www.ashleyisham.com, MRT Somerset, tgl. 10-20 Uhr. In der Boutique stellt einer der berühmtesten und erfolgreichsten einheimischen Modeschöpfer seine Kollektion aus. Ashley Isham, der bereits Stars wie Angelina Jolie einkleidete, liefert immer wieder opulente Entwürfe, die von asiatischen Motiven durchzogen sind. Für alle Normalsterblichen gibt es hier auch die preisgünstigere ›diffusion line‹.

Für jeden Geldbeutel – **De Walk-In Wardrobe:** ■ **Karte 2, D 10,** 33 Erskine Road, Tel. 65 36 25 66, MRT Tanjong Pagar, Mo–Sa 12.30–19.30 Uhr. Die kleine Boutique im Scarlet Hotel hat wirklich etwas von einem begehbaren Kleiderschrank In angenehmem Ambiente in Rot, Schwarz und Gold werden Einzelstücke in allen Preisklassen verkauft. Viele kommen aus Japan, Korea oder Australien.

Schmuck

Das ganze Alphabet international bekannter, hochkarätiger Juweliere und Uhrmacher ist v. a. in der Orchard Road vertreten, von Bulgari und Cartier bis zu Rolex und Tiffany. Am anderen Ende der Preisskala verkaufen Stände auf den Nachtmärkten in Bugis Village und Chi-

Einkaufen

Tax-Free Shopping

Auf die meisten Güter und Dienstleistungen wird eine Mehrwertsteuer (*Goods and Services Tax*; abgekürzt GST) von 7 % erhoben. Sie haben einen Anspruch auf Rückerstattung, wenn Sie in einem Laden mit einem ›Tax Free‹-Sticker Waren im Wert von mindestens S$ 100 erworben haben und Singapur innerhalb von zwei Monaten via Changi Airport verlassen. Lassen Sie sich vom Laden neben der Quittung den Electronic Tourist Refund (eTRS) geben, den Sie am Flughafen zusammen mit Reisepass und Waren beim Zoll vorzeigen. Anschließend erhalten Sie beim Global Refund Counter oder einem eTRS Selbstbedienungskiosk die GST zurück.

natown billige ›Nachempfindungen‹ (exakte Kopien sind verboten) bekannter Markenuhren. In Chinatown und Little India finden Sie viele Juweliergeschäfte voller Goldschmuck. Das Angebot ist allerdings auf den chinesischen bzw. indischen Geschmack zugeschnitten.

Ein Uhrmacher – **All Watches:** ■ **B 5/6**, #01-42 Wisma Atria, 435 Orchard Road, www.allwatches.com.sg, MRT Orchard. Die Niederlassung repariert verlässlich und hat mehr als 30 Uhrenmarken im breiten Sortiment.

Schmuckstücke aus Singapur – **Lee Hwa Jewellery:** ■ **Karte 2, F6**, #01-23 Bugis Junction, 200 Victoria Street, MRT Bugis, Tel. 63 34 28 38, www.lee hwajewellery.com. Eine bekannte einheimische Juwelierkette mit gutem Ruf. Das Design der Schmuckstücke ist auch für den westlichen Geschmack attraktiv, und die Preise sind nicht überhöht.

Traditionsgeschäfte

Traditionelle chinesische Medizin – **Eu Yan Sang Medical Hall:** ■ **Karte 2, D 9**, 269-271 South Bridge Road, www.euyansang.com, MRT Chinatown, Mo–Sa 8.30–18 Uhr. In der ältesten und bekanntesten chinesischen Medi-

cal Hall der Stadt werden Kräuter- und Wurzelpräparate, stärkende Essenzen, Gesundheitstees und andere traditionelle Heilmittel verkauft. Sie können sich hier fachkundig beraten und in der benachbarten Klinik behandeln lassen.

Parfüm individuell – **Jamal Kazura Aromatics:** ■ **F 6**, 728 North Bridge Road, Tel. 62 93 23 50, www.jamalka zura.com, Mo–Sa 9–19 Uhr. Seit 1933 werden in dem Laden nach den Wünschen der Kunden Parfüms aus allen möglichen Ingredienzen gemischt. Sie nennen Ihre Lieblingsdüfte und den Anlass, zu dem Sie das Parfüm tragen möchten, und erhalten für S$30–80 einen einmaligen Duft.

Aus dem Reich der Mitte – **Yue Hwa Chinese Products:** ■ **Karte 2, C 9**, 70 Eu Tong Sen Street, www.yuehwa. com.sg, MRT Chinatown, So–Fr 11–21, Sa bis 22 Uhr. Das große, fünfstöckige Kaufhaus mitten in Chinatown verkauft alles mögliche, was irgendwie chinesisch ist: Cheongsam (die langen chinesischen Frauenkleider mit hohem Kragen und Schlitzen an den Seiten) und andere traditionelle Kleidung, Kunsthandwerk, Musikinstrumente, Porzellan, Jade- und Goldschmuck, Antiquitäten und in der Lebensmittelabteilung auch traditionelle Medizin.

103

Ausgehen – abends und Nachts

Singapur bei Nacht
Wer behauptet, das Nachtleben in Singapur wäre langweilig und steril, muss schon länger nicht mehr in der Stadt gewesen sein. Ganz im Gegenteil zählt die Szene zu den vielseitigsten und lebendigsten in ganz Südostasien. Das Motto ›Work hard, play hard‹ wird besonders von den Jüngeren durchaus wörtlich genommen. Sich am Wochenende mit den besten Freunden in einem durchgestylten Club zur Musik wummernder elektronischer Bässe zu bewegen, gehört fast schon zum guten Ton. Bars und Kneipen sind am Wochenende immer brechend voll und auch unter der Woche nach Feierabend gut besucht. Bei Clubs kann es am Wochenende schon mal sein, dass man länger als eine Stunde ansteht. Es gibt keine Sperrstunde, sodass Partys häufig bis in die frühen Morgenstunden laufen.

Die Qual der Wahl
In Singapur sind die Grenzen zwischen Restaurant, Kneipe, Bar und Club fließend. Kneipen im englischen oder irischen Stil sind seit langem etabliert. Hinzu kommen Gasthäuser im bayerischen Stil, belgische Brasserien sowie *microbreweries* – Bierhallen mit hauseigener Brauerei.

Eine Bar kann alles Mögliche sein: ein kleines, stilles Weinlokal in einer Seitenstraße, eine gediegene Cocktailbar in einem Luxushotel oder ein Tanzlokal mit Live-Band. Karaoke-Bars haben nach wie vor ihre Fans, die jungen, gestylten Singapurer finden sie allerdings ziemlich uncool.

Jedes Ding hat seinen Preis – besonders das Ausgehen
In vielen Musikbars und fast allen Clubs wird eine Eintrittsgebühr *(cover charge)* von S$ 20–40 erhoben. In der Regel erhalten Sie dafür Gutscheine für 1–2 Drinks. Da Alkohol vom Stadtstaat hoch besteuert wird, kostet ein großes Glas Bier in einer angesagten Bar schon mal S$ 15. Gruppen bestellen gern etwas preiswerteres Bier im Krug (jug). Cocktails sind oft genauso teuer oder minimal kostspieliger.

Viele Bars und Kneipen locken meist zwischen 17 und 21 Uhr mit einer Happy Hour, während der sie Getränke zu ermäßigten Preisen ausschenken oder beim ›1-for-1‹-Deal nur eins der zwei Getränke in Rechnung stellen. Preiswerter sind sog. Housepours, Getränke des Hauses (Bier, Wein, Spirituosen).

Zentren des Nachtlebens
Von einfach bis edel, von entspannt bis ›hier wackelt die Wand‹ – Singapur bietet für jeden Geschmack die richtigen Hotspots. In der **Orchard Road** kann Shopping mit Ausgehen kombiniert werden. Einige Kneipen, Bars und Restaurants konzentrieren sich am Peranakan Place (s. S. 46). Von Touristen werden die Restaurants am **Boat Quay** auch um die Mittagszeit frequentiert,

aber erst nachts erwacht der Amüsierstrip richtig zum Leben.

Breiter ist das Angebot im Unterhaltungsviertel **Clarke Quay** weiter flussaufwärts. Die **Club-Szene** trifft sich am Robertson Quay, am gegenüberliegenden Flussufer in der Jiak Kim Street und in den edlen Locations der Marina Bay.

Die **St. James Power Station**, ein renoviertes Elektrizitätswerk nahe der MRT HarbourFront, mit einer großen Zahl von Clubs und Bars erfreut sich zunehmender Beliebtheit.

Holland Village weiter westlich hat ebenfalls eine gute Ansammlung von Cafés, Kneipen, Bars und Restaurants zu bieten.

Aktuelle Programmübersicht

Die beste Übersicht über Veranstaltungen bietet das Monatsmagazin »TimeOut«, www.timeoutsingapore.com.

Das wöchentliche, kostenlose »I-S Magazine« (is.asia-city.com) liegt in trendigen Lokalen aus und kommentiert bevorstehende Highlights.

Die Tageszeitung »Straits Times« listet in ihrem Feuilletonteil »Life!« wichtige kulturelle Ereignisse und andere Veranstaltungen.

Kartenvorverkauf

Für manche Konzerte gibt es bereits ab S$ 10 ein Ticket, während Karten für die Formel 1 schnell mehrere Hundert Dollar verschlingen können. Vorstellungen von Stars, Orchestern und Gruppen aus Übersee sind ebenfalls teurer.

SISTIC: Tel. 63 48 55 55, www.sistic. com.sg. Verkaufsstellen befinden sich in einigen Shoppingcentern, u. a. im Wisma Atria (Level 1, Orchard Road) und 313@Somerset (Basement, 313 Orchard Road).

Bars und Kneipen

Bier nach deutscher Tradition – **Archipelago Craft Beer Hub:** ■ Karte **2, D 8/9**, 79 Circular Road, Tel. 63 27 84 08, www.archipelagobrewery.com, MRT Clarke Quay, Mo–Fr 14–1, Sa 15–3, So 15–1 Uhr. Die 2006 eröffnete Mikrobrauerei knüpft an eine alte Tradition an, denn die 1931 von Deutschen gegründete Archipelago Brewery war die erste kommerzielle Brauerei der britischen Kronkolonie Singapur. In der kleinen Kneipe eine Straße hinter dem Boat Quay (parallel dazu) können Sie eine Kostprobe nehmen.

Der Klassiker – **Bar & Billiard Room / Long Bar:** ■ **Karte 2, E 7**, im Raffles Hotel, 1 Beach Road, MRT City Hall, So–Do 11–0.30, Sa bis 1.30 Uhr. Die luxuriöse Long Bar mit ihrer 13 m langen Theke mit der ›Heimat‹ des Singapore Sling, der hier Anfang des 20. Jh. von dem Barmann Ngiam Tong Boon kreiert wurde. Es gehört zum Ritual eines Singapur-Besuchs, den berühmten Cocktail zu bestellen und sich in die Kolonialzeit zurückversetzt zu fühlen.

Edel am Fluss – **Bar Opiume:** ■ **Karte 2, E 8**, Asian Civilisations Museum, 1 Empress Place, Tel. 63 39 28 76, www.indochine.com.sg, MRT Raffles Place, Mo–Do 17–2, Fr und Sa bis 3, So bis 1 Uhr. Die Bar ist elegant kühl mit Chinoiserie-Elementen und modernem Touch eingerichtet. Von der Terrasse bietet sich ein toller Blick auf den Fluss und die Türme des Financial District. Eine Band spielt abends leichten Jazz.

Beliebteste Brauerei – **Brewerkz:** ■ **Karte 2, D 8**, 30 Merchant Road, #01-05/06 Riverside Point, Tel. 64 38 74 38, www.brewerkz.com, MRT Clarke Quay, Mo–Do und So 12–24, Fr und Sa bis

Ausgehen

The Penny Black – ein typisch englischer Pub am Boat Quay

1 Uhr. Die Lage mitten im angesagten Ausgehviertel ist nur einer der Gründe, warum diese Mikrobrauerei im amerikanischen Stil so beliebt ist. Auch die elf verschiedenen Biere sind sehr lecker. Im großen Innenraum ist es ziemlich laut, draußen sitzt es sich schön mit Blick auf den Fluss und Clarke Quay.

Luftig und gesellig – **Loof:** ■ **Karte 2, E 7**, Odeon Towers, 331 North Bridge Road, Tel. 63 38 80 35, www.loof.com.sg, MRT City Hall, So–Do 17.30–1, Fr und Sa bis 3 Uhr. Die freundliche Open-Air-Bar ist ein beliebter Treffpunkt junger Kreativer und lädt mit ihrem offenen Design zu einer Unterhaltung oder der Betrachtung der umliegenden Hochhäuser ein.

Geschüttelt oder gerührt? – **Martini Bar at Mezza9:** ■ **B 5**, Grand Hyatt Hotel, 10 Scotts Road, Tel. 67 38 12 34, MRT Orchard, tgl. 12–23 Uhr. Hier finden Sie eine riesige Auswahl an Martini-Cocktail-Varianten (S$ 19–28) in lässig-eleganter Atmosphäre, die jedem britischen Geheimagenten gefallen dürfte.

Was für eine Aussicht – **New Asia Bar:** ■ **Karte 2, E 7**, Bras Basah Road, 71. Stock, Swissôtel The Stamford, Tel. 68 37 33 22, www.equinoxcomplex.com, MRT City Hall, So–Di 15–1, Mi und Do bis 2, Fr und Sa bis 3 Uhr. Schon allein wegen der überwältigenden Aussicht lohnt es sich, hier auf einen ›Sundowner‹ vorbeizuschauen. Sollte sich bei Ihnen ein vages Gefühl einstellen, dass irgendetwas nicht stimmt, ist das nicht auf zu hohen Alkoholkonsum zurückzuführen: Der Fußboden fällt zu den Fenstern hin um 20 % ab.

Höchste Freiluft-Bar der Welt – **1-Altitude:** ■ **Karte 2, E 9**, 1 Raffles Place, OUB Centre, 63. Stock, Tel. 64 38 04 10, www.1-altitude.com, MRT Raffles Place, Mo–Do 18–2, Fr und Sa bis 4, So bis 1 Uhr. Die elegante Freiluftbar auf dem Dach eines Hochhauses in 282 m

Ausgehen

Höhe bietet die beste Rundumsicht über Marina Bay und den Financial District.

Die erste Brasserie – **Oosters:** ■ **Karte 2, D 9**, 25 Church Street, #01-04 Capital Square Three, Tel. 64 38 32 10, www.oosters.com.sg, MRT Raffles Place, Mo–Fr 12–15 und 18–24, Sa ab 17 Uhr. Das Angebot der Brasserie in schön instand gesetztem Ladenhaus umfasst 28 Biere à la belgique und eine gute Auswahl belgischer Gerichte. Beliebt bei Angestellten des Finanzviertels.

Bayern in den Tropen – **Paulaner Brauhaus:** ■ **F 7**, 9 Raffles Boulevard #01-01 Millenia Walk, Tel. 68 83 25 72, www.paulaner-brauhaus.com/singapore, MRT Esplanade, Restaurant Mo–Fr 12–14.30, tgl. 18.30–22.30 Uhr, So German Brunch 11.30–14.30 Uhr, Bar So–Do 12–1, Fr und Sa bis 2 Uhr. Das Lokal lässt die bajuwarische Küche und Braukunst hochleben. Biere können Sie in der ›Gaststube‹ oder auf der Terrasse genießen. Im Restaurant im 2. Stock finden Weißwurst, Käsespätzle und Bratkartoffeln großen Zuspruch.

Zurücklehnen und entspannen – **SaVanh Bistro + Lounge:** ■ **Karte 2, D 9**, 47 Club Street, Tel. 63 23 05 03, www.indochine.com.sg, MRT China-town, Mo–Fr 12–2, Sa 17–3 Uhr. So schick waren die Opiumhöhlen nicht, von denen es bis vor vier Jahrzehnten so einige in dieser Straße gab: schmale Räume, schummrige Beleuchtung, weiche Sofas und ›Opium-Betten‹ zum Zurücklehnen. Buddha-Statuen und ostasiatische Antiquitäten geben der Lounge einen edlen Touch. Während im Hintergrund Ambient-Sounds laufen, können Sie sich richtig entspannen.

Englischer Pub – **The Penny Black:** ■ **Karte 2, E 9**, 26/27 Boat Quay, Tel. 65 38 23 00, www.pennyblack.com.sg, MRT Raffles Place, Mo–Do 11.30–1, Fr und Sa bis 2, So bis 24 Uhr, Happy Hour tgl. 11.30–20 Uhr. Neben zahlreichen englischen Bieren bekommen Sie in urigem Pub-Ambiente auch Kilkenny, Cider (Apfelwein) und Fish & Chips.

Clubs

Party am Clarke Quay – **Attica & Attica Too:** ■ **Karte 2, D 8**, 3A River Valley Road, #01-03 Clarke Quay, www.attica.com.sg, MRT Clarke Quay, So–Di 17–2, Do bis 3, Mi, Fr und Sa bis 4 Uhr, Attica Too Fr und Sa bis 6 Uhr, Happy Hour tgl. 17–21 Uhr. Zwei sündige Clubs unter einem Dach. Das kleine Attica ist ein beliebter Party-Treffpunkt

Bar-Hopping im Peranakan Place

Es ist leicht, in der kleinen Seitenstraße der Orchard Road (▶ C 6) eine gesellige Nacht zu verbringen. Anfangs können Sie draußen sitzen und bei **Outdoors** einen Happen essen, zur Happy Hour geht es dann ins **Ice Cold Beer** schräg gegenüber oder in die Weinbar **No. 5**. Die schmale **Alley Bar** sieht mit den zahllosen von der Decke baumelnden Lampen auch spannend aus. Zum Chill-out lockt anschließend die **Acid Bar**. Hier können Sie sich bei guter Livemusik zurücklehnen und einen Cocktail schlürfen. Alle Bars sind bis 2 Uhr, am Wochenende bis 3 Uhr geöffnet. Weitere Infos auf www.peranakanplace.com.

Ausgehen

ausländischer Nachtschwärmer, die gerne zu R&B und Hip-Hop die Hüften schwingen. Im Attica Too auf der anderen Seite des Innenhofes erklingen elektronische Klänge.

Edel und Opulent – **Avalon:** ■ **F9,** Crystal Pavillion South, 2 Bayfront Avenue, www.avalon.sg, MRT Marina Bay, Mi–So ab 22 Uhr, Eintritt S$ 35, an Tischen Mindestumsatz S$ 1500. Auf über 1500 m² Fläche finden in dem an einen Diamanten erinnernden Glaskasten an der Marina Bay Konzerte und exklusive elektronische Clubnächte statt. Opulente Kristalle, beeindruckende Lichteffekte und exzellente Soundqualität sorgen für beste Unterhaltung in futuristischem Ambiente.

Einheimische Vibes – **Home Club Singapore:** ■ **Karte 2, D 8,** The Riverwalk, #B1-01/06 20 Upper Circular Rd., www.homeclub.com.sg, MRT Clarke Quay, ab 21 Uhr, 15 S$ Eintritt. In dem Club am Südufer des Singapore River spielen ausschließlich einheimische Independent Bands und DJs Indie, Elektro, Trance und Techno. So bietet sich Ihnen die Möglichkeit, in die lokale Musikszene einzutauchen.

Strand Feeling auf dem Hochhaus – **Ku Dé Ta Singapore:** ■ **F 9,** SkyPark at Marina Bay Sands, Tel. 66 88 76 88, www.kudeta.com.sg, MRT Marina Bay, 12–15 und 18–23 Uhr, Sa und So zum Brunch schon ab 10 Uhr. Eleganter Club in luftigen 200 m Höhe mit spektakulärem Blick über die Stadt. Bei entspannter Musik werden unter roten Sonnenschirmen Cocktails, eine große Weinauswahl und moderne asiatische Küche für die Reichen und Schönen aufgetischt. Zudem eine Club Lounge, in der dekadent gefeiert werden kann.

Kreativ und trendy – **The Butter Factory:** ■ **Karte 2, E 9**, One Fullerton, 1 Fullerton Road, www.thebutterfactory.com, MRT Raffles Place, Mi, Fr und Sa 22–4 Uhr, Eintritt Männer S$ 28, Frauen S$ 23 inkl. 2 Drinks. Der angesagte Club ist von lokalen Künstlern mit bunten Cartoonfiguren kreativ gestaltet worden und zieht eine bunte Mischung

Der stilvoll restaurierte Clarke Quay ist eine beliebte Ausgehmeile

Ausgehen

an. Die vorherrschenden Musikstile sind R&B und Hip-Hop im größeren Raum sowie House und Elektro im kleineren.

Riesendisko – **Zirca Mega Club:** ■ **Karte 2, D 8**, The Cannery, 3C River Valley Road, www.zirca.sg, MRT Clarke Quay, Mi–Sa ab 21.30 Uhr, Eintritt S$ 16–30. Am Wochenende feiern hier bis zu 2000 Partygäste ausgelassen zu elektronischer Musik. Manchmal Hip-Hop- und R&B-Partys.

Eine Institution – **Zouk Club:** ■ **B 8**, 17 Jiak Kim Street, www.zoukclub. com, MRT Somerset, Mi–Sa 21–4 Uhr, Eintritt für Frauen S$ 20–30, für Männer S$ 28–40, teils inkl. 2 Drinks. Nicht umsonst wurde der fast schon labyrinthartig aufgebaute Club mit einer Kapazität von 4000 Feiernden 2012 zum wiederholten Male vom renommierten DJmag zu einem der 10 besten Clubs der Welt gekürt. Die renovierten Lagerhallen beherbergen drei verschiedene Locations. Im Zouk finden regelmäßig Events mit bekannten DJs statt. Während es hier hauptsächlich hart und elektronisch zugeht, ist die Musik im Phuture Hip-Hop-lastig und im Velvet Underground läuft Soul und Dance-Musik.

Kino

In Singapur gibt es in nahezu jedem großen Shoppingcenter ein Multiplex-Kino, das die neuesten amerikanischen und asiatischen Produktionen in der Originalfassung (ohne Untertitel) zeigt. Eintrittskarten kosten S$ 7–15, in dem mit breiten Sesseln und viel Platz ausgestatteten Gold Class S$ 30–40.

Moderne Säle – **Cathay Cineplex:** ■ **Karte 2, D 6**, Level 5 & 6 The Cathay, 2 Handy Road, Tel. 63 37 81 81, www.cat

hay.com.sg, MRT Dhoby Ghaut. Die Kinokette betreibt insgesamt fünf Multiplexe und zeigt auch anspruchsvollere Filme.

Kino mit Geschichte – **Shaw Theatres:** ■ **A 5**, Level 5, Shaw House, 350 Orchard Road, Tel. 67 38 05 55, MRT Orchard. Das Lido ist ein traditionsreiches Kino, das bereits 1959 eröffnet wurde. Weitere sieben Filialen, u. a. in der Bugis Junction.

Konzerte, Theater und Oper

Das moderne Kulturzentrum – **Esplanade – Theatres on the Bay:** ■ **Karte 2, E/F 8**, 1 Esplanade Drive, Tel. 68 28 83 77, www.esplanade.com, MRT Esplanade. Die Bandbreite der Veranstaltungen in der großen Konzerthalle und den Theatersälen unter dem gewölbten Stacheldach reicht von Klassik bis Moderne aus Asien und dem Westen (s. S. 72). Am Wochenende sind die Veranstaltungen der Reihe ›On the Waterfront‹ kostenlos.

Eine Bühne auf dem Wasser – **The Float @ Marina Bay:** ■ **F9**, MRT Promenade. Die effiziente Nutzung der limitierten zur Verfügung stehenden Flächen ist eine der größten Errungenschaften Singapurs. So auch hier: Die größte schwimmende Bühne der Welt mit 30 000 Zuschauerplätzen ist der neue Austragungsort für Großveranstaltungen.

Kulturelle Brücken bauen – **The Singapore Repertory Theatre:** ■ **Karte 2, C 8**, DBS Arts Centre, 20 Merbau Road, Tel. 62 21 55 85, www.srt.com. sg, MRT Clarke Quay. Die Theatergruppe macht Singapurer mit westlichen

109

Ausgehen

Chinesische Oper (Wayang)

Für Unkundige ist die chinesische Oper (in Singapur oft mit dem malaiischen Namen Wayang bezeichnet) ziemlich gewöhnungsbedürftig. Die prächtigen Kostüme und farbenfrohen Masken der Akteure und das faszinierte Publikum werden Sie zwar eine Weile in den Bann ziehen, doch der Gesang und die Hintergrundbegleitung entsprechen nicht gerade dem westlichen Musikgeschmack. Deshalb sollten Neulinge sich diese Kunstform erst einmal erklären lassen.
Chinese Opera Teahouse: (▶ C/D 9), 5 Smith Street, Reservierung unter Tel. 63 23 48 62, www.ctcopera.com.sg/teahouse.html, MRT Chinatown. Mit ›Sights and Sounds of Chinese Opera‹ erhalten Sie eine Einführung auf Englisch in diese fremde Welt und sehen einen Auszug aus einer chinesischen Oper mit englischen Untertiteln: Fr und Sa ab 19 Uhr, inkl. chinesisches Abendessen für S$ 35, oder ab 20 Uhr ohne Essen mit Tee und Snacks für S$ 20.

Klassikern und Besucher mit neueren Stücken asiatischer Dramatiker bekannt.

Kunst im ehemaligen Parlament – **The Arts House at The Old Parliament:** ■ **Karte 2, E 8**, 1 Old Parliament Lane, Tel. 63 32 69 00, www.theartshouse.com.sg, MRT City Hall, Galerien: Mo–Fr 10–20, Sa 11–20 Uhr, Eintritt frei, Führung tgl. um 11 und 15 Uhr für S$ 8. Der Ort für zeitgenössisches Theater, Ballett und Musik, Kunstausstellungen sowie Vorführungen von Werken asiatischer Filmemacher.

Alternative Kultur – **The Substation:** ■ **Karte 2, D 7**, 45 Armenian Street, Tel. 63 37 75 35, www.substation.org, MRT City Hall. Das Programm dieses unabhängigen Kulturzentrums mit der gemütlichen Musikkneipe namens Timbre umfasst Konzerte, Ausstellungen, experimentelle Theaterstücke, Lyriklesungen und Filmvorführungen.

Live-Musik

Jazzige Klänge – **Blu Jaz Café:** ■ **F 6,** 11 Bali Lane, Tel. 62 92 38 00, www.blujaz.net, MRT Bugis, Mo–Do 12–1, Fr bis 2, Sa 16–2 Uhr, So geschlossen. In dem unkonventionellen und relativ günstigen Café finden am Mo, Fr und Sa Abend gute Veranstaltungen statt. Neben dem namensgebenden Jazz auch Funk, Soul und Hip-Hop.

Bier und Musik – **Harry's @ Boat Quay:** ■ **Karte 2, E 9**, 28 Boat Quay, Tel. 65 38 30 29, www.harrys.com.sg, MRT Raffles Place, So–Do 15–1, Fr 15–3, Sa 11–3 Uhr. Gute Livemusik hat die Bar in einem alten Ladenhaus zu einer Institution gemacht. Die Hausband ChomaZom spielt Oldies und guten Jazz. Es gibt zahlreiche Ableger, u. a. Harry's @ The Esplanade und Harry's @ Orchard.

Die Bar für Nachtschwärmer – **Insomnia:** ■ **Karte 2, E 7**, 30 Victoria Street, #01-22 Chijmes, Tel. 63 38 68 83, www.liverockmusic247. com, MRT City Hall, So–Di 11–4, Mi–Sa bis 5 Uhr. Die Bar in dem restaurierten ehemaligen Kloster Chijmes ist ein Treffpunkt der Nachtschwärmer, die hier bis zum frühen Morgen bei Livemusik trinken

Ausgehen

Kostüm und Maske der chinesischen Oper sind sehr aufwendig

können. Schöner Außenbereich, der besonders abends, von Lichterketten erleuchtet, sehr gemütlich ist.

Live-Blues – **The Crazy Elephant:** ■ **Karte 2, D 8**, 3E River Valley Road, Tel. 63 37 78 59, www.crazyelephant.com, MRT Clarke Quay, Mo–Fr 17–2, Sa und So 15–3 Uhr, Livemusik tgl. außer Mo ab 22 Uhr, Happy Hour 17–21 Uhr. Hier treffen sich Leute, die Blues und Rock gern live hören. Eric Burdon, Robbie Williams und andere Größen haben sich hier schon blicken lassen.

Ruhige Töne – **Timbre @ The Substation:** ■ **Karte 2, D 7**, 45 Armenian Street, Tel. 63 38 80 30, www.timbre.com.sg, MRT City Hall, tgl. ab 18 Uhr. Die Gartenkneipe besticht durch eine angenehme, entspannte Atmosphäre. Sie können hier einen Happen essen und dabei Livemusik lauschen.

Schwul und Lesbisch

Chinatown und Tanjong Pagar bilden die bevorzugte Spielwiese von Singapurs Schwulen und Lesben. Seit einigen Jahren lässt die Regierung Homosexuelle zwar weitgehend in Ruhe, verweigert ihnen aber die Anerkennung. Homosexuelle Handlungen zwischen Männern bleiben auch nach einer partiellen Gesetzesänderung Ende 2006 eine Straftat. Infos unter www.utopia-asia.com, www.plu.sg oder safesingapore.blogspot.de.

Schräg und freundlich – **Cows and Coolies:** ■ **Karte 2, D 9**, 30 Mosque Street, Tel. 62 21 12 39, MRT Chinatown, Mo–Do 17–1, Fr und Sa bis 2 Uhr. Die rustikale Kneipe mit Billardtischen ist seit den frühen 1990er-Jahren eine nette und offene Lesbendomäne, und auch viele Männer kommen gern zum Karaokesingen hierher.

Regenbogen Party – **Play / Mox**: ■ **Karte 2, D 10**, 21 Tanjong Pagar Road, Tel. 227 74 00, www.playclub.com.sg, MRT Tanjong Pagar, Di–Sa ab 19 Uhr. Zwei beliebte Schwulenclubs unter einem Dach. Play hat eine große Tanzfläche, Mox ein Stockwerk höher einen Balkon zum Relaxen.

111

Sprachführer

Eine Nation – viele Sprachen

Dem Bevölkerungsmosaik Singapurs entspricht seine Sprachenvielfalt: Nebeneinander ist Malaiisch (Bahasa Malaysia), Chinesisch (Mandarin), Tamilisch und Englisch zu hören. Als Amts- und Verwaltungssprache wird Englisch benutzt. Malaiisch erhielt den Status der Nationalsprache, wohl zur Beschwichtigung der unmittelbaren Nachbarn Indonesien und Malaysia. In Behörden und öffentlichen Verkehrsmitteln sind Schilder und Durchsagen in der Regel viersprachig. Die meisten Singapurer sind mindestens zweisprachig; d. h. sie beherrschen Englisch (mehr oder weniger gut) und eine der anderen offiziellen Sprachen. Ältere Chinesen sprechen manchmal nur einen oder mehrere chinesische Dialekte sowie Pasar Malay – eine vereinfachte Form des Malaiischen. Bei älteren Taxi- oder Busfahrern kann dies manchmal zum Problem werden.

Singlish

Auch englischsprachige Singapurer können anfangs schwer zu verstehen sein. Viele Worte hören sich wie ein seltsam verfremdetes Englisch an. Singlish ist eine gesprochene Variante des Englischen, die sich im Lauf der Zeit in Singapur herausgebildet hat. Typisch für Singlish ist die abgehackte Stakkato-Sprechweise, wobei Überflüssiges (z. B. Präpositionen, Zeiten der Verben oder gleich das ganze Verb) einfach über Bord geworfen wird. Der schnelle Redefluss wird mit vielen Wörtern aus dem Malaiischen und aus chinesischen Dialekten, vor allem Hokkien, gespickt. Beispiele: »Why you so like dat?« (Why do you behave like that?) – Warum verhältst du dich so?
»I see that show orredy.« (I have already seen that film.) – Den Film hab ich schon gesehen.

Kleines Singlish-Lexikon

Hier einige Ausdrücke in Singlish, damit Sie Ihre einheimischen Bekannten beeindrucken können. Singlish ist ein herrlich expressiver Slang, voll von bildreichen Ausdrücken und saftigen Flüchen. Wer sich etwas intensiver mit der einheimischen Variante des Englischen beschäftigen möchte, findet auf der satirischen lokalen Website www.talkingcock.com oder der alphabetisch sortierten und detailliert umschriebenen Liste unter www.singlishdictionary.com weitere aussagekräftige Begriffe.

ah beng   Stereotyp eines einfachen Singapurers chinesischer Abstammung, der vulgäres Hokkien (chin. Dialekt) spricht, eine Vorliebe für auffällige Freizeitkleidung hat und gern sein Handy o. ä. technisches Zubehör zur Schau stellt.

alamak (gespr. *alamah!*)   Ausdruck der Verwunderung

aiyoh! (gespr. *ai-joh!*)   Ausruf des Ärgers, der Frustration

alight   aussteigen, anstatt von »to get off the train/bus/MRT« gebraucht

ang moh   ein Mensch aus dem Westen, ein Weißer (aus dem Hokkien: ›rotes Haar‹)

bodoh   Dummkopf (aus dem Indonesischen)

can?   Bitte um Zustimmung, mit der Bedeutung ›Geht das?‹, ›Ist das ok?‹ Beispiel: »I'll see you tomorrow. Can?«

cock   nicht die vulgäre Bedeutung des Englischen, sondern: ›Unsinn, Quatsch‹. Beispiel: »He jus' talking cock.« (Er redet blöd daher).

handphone   Mobiltelefon

haolian   arrogant, hochnäsig

har/ha   angehängte Partikel am Ende eines Satzes oder einer Phrase. Drückt Unverständnis aus, wie das deutsche »Hä?«.

kaypoh   jemand, der seine Nase zu oft in die Angelegenheiten anderer Leute steckt

kopi tiam   Coffeeshop, der Frühstück und billiges Essen (wenige Gerichte), Tee,

Sprachführer

den einheimischen dunklen Kaffee und Bier serviert.

lah Suffix, das an ein Satzende angehängt wird, meist, um das Gesagte zu betonen. Beispiel: »Too expensive lah!«

kampong Dorf, dörfliche Siedlung (aus dem Malaiischen)

kwai-lo Weißer, Ausländer (Kantonesisch: ›fremder Teufel‹)

mabok (gespr. *mah-buh*) betrunken

makan Essen (Malaiisch); wie im Deutschen zugleich Substantiv und Verb

manja (gespr. *mahn-jah*) schmeicheln, verwöhnen, verhätscheln

or not? wird als Fragesuffix verwendet. Es gilt im Chinesischen als höflich, dem Gefragten die Wahl zwischen zwei Möglichkeiten zu geben. »Go or not?« (Willst du gehen oder nicht?)

obiang altmodisch, aus der Mode gekommen, geschmacklos oder auch uncool

put up Die Frage »Where are you putting up?« bedeutet »Where are you staying?« (Wo wohnen/übernachten Sie?)

towkay (gespr. *tau kay*) Tycoon oder auch nur einfach ein Chef

wah! Ausruf des Erstaunens

Die wichtigsten Sätze

Entschuldigung, könnten Sie bitte ein bisschen langsamer sprechen? Mein Englisch ist nicht so gut. Excuse me, could you please speak more slowly? My English is not so good.

Ich möchte ein Zimmer für … Nächte. I would like a room for … nights.

Doppelzimmer / Doppelzimmer mit zwei separaten Betten / Einzelzimmer Double room / twin room / single room

Ich möchte ein Zimmer mit Klimaanlage/Ventilator. I would like a room with air con (air condition) / fan.

Ich habe ein Zimmer in Ihrem Hotel reserviert. I have made a reservation for a room at your hotel.

Gibt es eine Nachricht für mich? Are there any messages for me?

Kann ich eine Nachricht für … hinterlassen? May I leave a message for…?

Wie viel kostet das? How much does this cost?

Ist das Ihr bester Preis? (beim Handeln; Frage nach Rabatt) Is this your best price?

Ich möchte einen Tisch für drei Personen reservieren. I would like to book a table for three (people).

Die Karte / Rechnung, bitte! The menu / bill (check), please.

Wir möchten gern einheimisches Essen / westliches Essen essen. We'd like to eat local / western food.

Ist dieses Gericht vegetarisch/vegan zubereitet worden? Has this dish been prepared in a vegetarian/vegan manner?

Es hat uns bestens geschmeckt. We really enjoyed the meal.

Fährt dieser Bus / diese U-Bahn / Fähre nach …? Does this bus / MRT train / ferry go to …?

Wie komme ich nach …? How do I get to …?

Wie spät ist es, bitte? What's the time, please?

Ist dieser Platz besetzt? Is this seat (spot) taken already?

Wann beginnt die Führung? At what time does the guided tour start?

Können Sie mir bitte helfen? Ich habe mich verlaufen. Can you please help me? I have lost my way.

Entschuldigung, wie komme ich am besten nach/zum …? Excuse me, may I ask which is the best way to get to …?

113

Kulinarisches Lexikon

Gewürze
Sambal mild-scharfe bis sehr scharfe Gewürzpaste aus fein gestoßenen Chilischoten, Knoblauch, Ingwer, Gelbwurz und anderen Zutaten. Sambal Belachan (Blachan) wie oben, plus Krabbenpaste, die im Rohzustand übel riecht, aber gebraten ein aromatisches Fischaroma entfaltet.

Frühstück
Kaya süßer, marmeladenartiger Aufstrich aus Kokosnuss und Eiern.

Vorspeisen oder Snacks
Carrot Cake die Singapurer Version von Rösti. Die auf einer heißen Platte gebratene Mischung aus Rettich, Ei und Frühlingszwiebeln, manchmal auch Shrimps, ist außen knusprig und innen weich. Bei der ›schwarzen Version‹ kommt eine dicke, süßliche Sojasoße dazu.
Curry Puff südindische frische Pasteten mit Hackfleisch-Curryfüllung.
Dim Sum kleine gefüllte, in Dampf gegarte oder gebratene Teigbällchen
Dosai (Thosai/Dosa) dünne Crêpes aus Linsenmehl als Beilage, eigenständiger Snack mit Kartoffelfüllung oder pur mit Soßen.
Murtabak (Aussprache: *mertabah*) dünne Pfannkuchen, gefüllt mit einer würzigen Mischung aus Hackfleisch und Zwiebeln. Spezialität muslimischer Inder.
Otak (Aussprache: *otah*) würziges, leicht scharfes Fischhack, im Pandanussblatt gegrillt, eine Nyonya-Spezialität.
Popiah eine dicke, nicht frittierte Frühlingsrolle aus hauchdünnem Reismehlteig gefüllt mit Garnelen, Tofu, klein geschnittenen, hart gekochten Eiern, Wasserkastanien, Gurken, Erdnüssen, Sojasprossen, Salat, Sambal und süßer Sojasoße – eine Nyonya-Spezialität.
Rojak (Aussprache: *rojah*) Salat aus Ananas, Rettich und Gurken, Sojasprossen, gebratenem Tofu und *yu tiao* (chin. Gebäck) mit süß-sauer-scharfem Dressing und Erdnüssen garniert.

Roti Paratah (auch Prata) leichte indische Pfannkuchen aus einer Art Blätterteig als Beilage oder eigenständiger Snack mit Currysoße, auch als süße Variante für Touristen.
Satay (Aussprache: *sateh*) Holzspießchen mit mariniertem Huhn-, Rind- oder Lammfleisch, über einem Holzkohlengrill gegrillt und mit pikanter Erdnusssoße, Gurkenscheiben und Zwiebeln gereicht.

Suppen
Bak Kut Teh (Aussprache: *bah kut teh*) Suppe mit fettem Schweinefleisch, Kräutern und Knoblauch.
Laksa malaiische Nudelsuppe aus scharfer Curry-Kokosmilchbrühe mit dicken gelben Nudeln und dünnen Reisnudeln, einigen Stückchen Hühnerfleisch, Tofuwürfeln, Muscheln und Garnelen, serviert mit Gurkenstückchen. Nonya-Laksa (etwas andere Zutaten) bekommt man vor allem in Katong. Penang Laksa enthält Fisch und statt Kokosmilch eine süßsauer-scharfe Brühe.

Fleischgerichte
Char Kway Teow (Aussprache: *tschar kwey tjau*) gebratene breite Reisnudeln mit Sojasprossen, Tofu und Schweinefleisch in dicker, leicht süßlicher Sojasoße. Die Leibspeise vieler Singapurer.
Hainanese Chicken Rice Reis wird mit Pandanussblättern und Ingwer angebraten und in Hühnerbrühe gegart, dazu *white chicken* (die Haut wird mitgekocht und nicht entfernt) oder *brown chicken* (gegrilltes Hähnchen). Gewürzt mit Sesamöl, Sojasoße und Frühlingszwiebeln. Ursprünglich von der Insel Hainan. In der Regel wird dazu klare Hühnerbrühe gereicht.
Mee Goreng (indon. *mee* = Nudeln, *goreng* = gebraten) gebratene Weizennudeln mit Gemüse, kleinen Shrimps und Fleischstückchen.
Nasi Lemak (Aussprache: *nassi lermah*; indon. *nasi* = Reis) in Kokosmilch gegarter Reis mit einer kleinen Portion Rendang oder einem Hühnerschenkel, gebratenen Ancho-

Kulinarisches Lexikon

Nasi Lemak – sehr beliebt zum Frühstück

vis, gerösteten Erdnüssen, Gurkenstückchen, einem halben, hart gekochten Ei; sehr beliebt zum Frühstück.
Nasi Padang gekochter Reis mit Beilagen (Gemüse, Fleisch, Fisch). Indonesisch; benannt nach dem Ort Padang (Sumatra). Die lokale chinesische Variante heißt Economical Rice oder Curry Rice.
Rendang einer der sogenannten *dry curries* – mit vielen aromatischen Gewürzen langsam in Kokosmilch und Wasser gegarte Rindfleischwürfel. Eine indonesische Spezialität.
Steamboat chinesisches Fondue mit Brühe, in der Gemüse, dünne Fleischscheiben, Seafood- und Fischstückchen gegart werden. Eine sehr gesellige Angelegenheit.

Fisch und Meeresfrüchte
Chilli Crabs in roter Chilisoße gegarte Krebse *(mud crabs)*.
Fish Head Curry Nur Köpfe von großen Rotbarschen mit genug Fleisch werden für diese Spezialität verwendet. Einheimische Feinschmecker essen den ganzen Kopf (mit Ausnahme der Gräten). Die Currytunke dazu schmeckt auf jeden Fall himmlisch!
Sambal Stingray gegrillter oder gekochter Stachelrochen mit scharfer Gewürzpaste.

Desserts
Bubor Pulot Hitam Pudding aus schwarzem Klebreis mit Kokosmilch.
Chendol geraspeltes Wassereis und Gelatineschlangen, aufgefüllt mit Kokosmilch und Palmzuckersirup. Sehr erfrischend.
Gula Melaka Sagopudding mit frischer Kokosmilch und Palmzucker.
Ice Kachang geraspeltes, buntes Wassereis, garniert mit roten Bohnen *(kachang)*, Mais, Gelatinewürfel, Rosensirup und Kondensmilch.
Kueh kleine süße Kuchen aus Kokosmilch in verschiedenen Geschmacksrichtungen wie Durian, Banane oder Pandan.
Tau Fu Fah sehr weiche (geschmacksneutrale) Tofuwürfel in Sirup.

Register

1-Altitude 107
313@Somerset 46

Abdul Ghaffoor Mosque 50
Acid Bar 48
Adressen 12
Al-Abrar Mosque 37
Alaturka Mediterranean &
Turkish Restaurant 54
Alexandra Arch Bridge 64
All Watches 103
Annalakshmi 97
Anreise 16
Antiquitäten 99
Apotheken 20
Archipelago Craft Beer Hub
105
Armenian Church 34
ArtScience Museum 56
Arts House 29
Ashley Isham 102
Asian Civilisations Museum
32
Attica & Attica Too 107
Au Jardin by Les Amis 93
Ausflüge 82
Ausgehen 104
Avalon 108
Aw Boon Haw 73
Aw Boon Par 73

Baba House 75
Banana Leaf Apolo 52
Bar Opiume 105
Bayview Hotel 88
Beach Road Scissor-Cut
Curry Rice 95
Behinderung 22
Bevölkerung 13
Blu Jaz Café 110
Blue Ginger Restaurant 96
Boat Quay 29, **80**
Botero, Fernando 74
Botschaften 17
Bras Basah/Marina 98
Brewerkz 105
Bücher 99

Buddha Tooth Relic Temple
and Museum 36
Bugis Junction 80, 98
Bugis Street 100
Bugis Village 80
Bukit Timah Nature Reserve
66
Busse 16, **24**
Bussorah Street 53
Butterfly Park & Insect King-
dom 62

Canopy Walkway 65
Casino at Resorts World
Sentosa 60
Cathay Cineleisure Orchard
46
Cathay Cineplex 109
Cavenagh Bridge 29
CDs 99
Changi Airport 16
Changi Museum 75
Chijmes 72
Chin-Chin Eating House 93
Chinatown 6, **35**
Chinatown Heritage Centre
36
Chinese Opera Teahouse
110
Chinesische Oper 110
Chinesischer Garten 79
Chinesisches Neujahr **18**, 73
Ci Yan Organic Vegetarian
Health Food 97
Clarke Quay 80
Cloud Forest 57
Club Street 37
Clubs 107
Cold Storage 100
Cows and Coolies 111

Dalí, Salvador 74
Danish Seamen's Church 64
De Walk-In Wardrobe 102
Deepavali (Diwali) 19
Dempsey Hill 80
Design 76, **101**

Diplom. Vertretungen 17
Dolphin Lagoon 61
Drahtseilbahn 62

East Coast Bicycle Trail 23
East Coast Road 71
Einkaufen 98
Einladungen 10
Einreisebestimmungen 16
Eisenbahn 16
Elgin Bridge 28
Ember Restaurant 94
Emerald Hill 46
Equinox Complex 31
Equinox Restaurant 94
Esplanade – Theatres on the
Bay 57, 72, 109
Essen 90, 114
Etikette 11
Eu Yan Sang Medical Hall
103

Fakten 13
Fauna 68
Feiertage 17
Feng Shui 73
Feste 17
Finanzkrise 15
Flower Dome 57
Flutes at the Fort 93
Food Centres **90**, 92
Food Courts 48, 91, 92
Fort Canning 41
Fort Canning Centre 42
Fort Canning Green 42
Fort Siloso 61
Fountain of Wealth 72
Fremdenverkehrsamt 20
Frühstück 91
Fullerton Hotel 29

Gallery Hotel 88
Gardens by the Bay 57
Gärten 77
Gastarbeiter 8
Gattopardo 42
Geld 19

116

Register

Geschenke 10, 101
Geschichte 14, 43, 53, 61
Gesellschaft 8
Gesundheit 20
Geylang Serai 70
Geylang Serai Market & Food Centre 70
Goh Chok Tong 15
Grab von Sultan Iskandar Shah 41

Hafen 9
Hai Tien Lo 93
Handeln 99
Handy 23
Hangout @ Mt Emily 87
Hari Raya Puasa 18
Harry's @ Boat Quay 110
Haw Par Villa (Tiger Balm Gardens) 73
Hawker Centres 90
Helix-Fußgängerbrücke 56
Henderson-Waves-Fußgängerbrücke 64
Heritage Gardens 57
HMV Superstore 99
Hochzeit 10
Holland Village 81
Home Club Singapore 108
HortPark 65
Hotel 1929 87
Hotel 81 87
Hotels 86
Housing & Development Board (HDB) 8
Hungry Ghosts Festival 18

Iluma 80
Images of Singapore 61
IndoChine Waterfront Restaurant 93
Informationen 20
Insomnia 106
Internet 20, **23**, 86
ION Orchard 47
ION Sky 47, 48

Jamae Chulia Mosque 36
Jamal Kazura Aromatics 103
Japanischer Garten 79
Joggen 23
Jones the Grocer 100

Joo Chiat Road 71
Jurong Bird Park 77

Kais 80
Kampong Glam 7, **53**
Kaserne 80
Katong 70
Katong Laksa 94
Kautschuk 79
Kent Ridge 64
Killiney Kopi Tiam 91
Kinder 21
Kino 109
Kinokuniya 99
Kleidung 11
Klima 21
Kloster 72
Komala Vilas 97
Konzerte 109
Koon Seng Road 71
Kopi Tiam 91
Ku Dé Ta Singapore 108
Kuan Yin 74
Kunst 99
Kusu Island 83
Kwan Im Thong Hood Cho Temple 74

Lagerhäuser 80
Lan Zhou La Mian 38
Landgewinnung 13
LaSalle Gallery 77
Lau Pa Sat 92
Lee Hsieng Loong 15
Lee Hwa Jewellery 103
Lee Kuan Yew 14, **39**
Leong San See Buddhist Temple 51
Lesben 111
Lim Hak Tai Gallery 77
Lim's Arts and Living 101
Ling Zhi Vegetarian Restaurant 97
Littered with Books 99
Little India 6, **49**
Live Turtle & Tortoise Museum 76
Long Bar 105
Long Beach Seafood Restaurant 96
Loof 106
Lucky Plaza 47

M1 Singapore Fringe Festival 17
MAAD: red dot Design Museum 100
MacRitchie Reservoir Park 78
Makansutra Gluttons Bay 92
Malaien 53
Mandarin Gallery 46
Mangroven 79
Marina Barrage 56
Marina Bay 7, **55**
Marina Bay City Gallery 56
Marina Bay Sands 56, 88
Maritime Experimental Museum & Aquarium (MEMA) 60, 62
Markt 92
Martini Bar at Mezza9 106
Maxwell Food Centre 40
MegaZip 62
Merlion 29
Mezza9 94
Mid-Autumn Festival 18
mint (Museum of Toys) 76
Mode 102
Moscheen 11
Mount Faber 63
Mount Imbiah Nature Reserve 60
MPH Bookstores 99
MRT 23
Muslime 53
Mustafa Centre 51
Muthu's Curry Restaurant 96

Nachtleben 104
Nachtmarkt 38, 98
Nagore Durgha Shrine 37
Nahverkehr 23
National Day 18
National Museum 43
National Orchid Garden 79
Navarathiri (Navaratri) 19
New Asia Bar 106
New Bugis Street 80
New Majestic Hotel 89
Newton Circus Hawker Centre 92
Ngee Ann City 46

117

Register

Night Safari 68
Nine Emperor Gods
    Festival 19
Notfall 20
Notruf 22
Novus Restaurant 44

Öffnungszeiten **22,** 98
Omni Theatre 77
Oosters 107
Oper 109
Orang-Utans 68
Orchard Central 46
Orchard Road 6, **45**
Orchideen 69, 79
Orientierung 6
OUB Centre 74

Padang 6, **29**
Palast (Istana) 46
Paragon 46
Park Mall 46
Parks 77
Paulaner Brauhaus 107
People's Action Party
    (PAP) 14
Perak Hotel 87
Peranakan Inn 71
Peranakan Place **46,** 107
Peranakan-Küche 90
Peranakan-Museum 33
Plaza Singapura 46
Play / Mox 111
Politik 13
Post 22
Preise **12,** 86, 90
Pulau Ubin 82

Qun Zhong Eating
    House 94

Rad fahren 23
Raffles City Shopping
    Centre 31
Raffles Hotel 30
Raffles Landing Site 29
Raffles, Stamford **5,** 14, 29
Ramadan 54
Rauchen 22
red dot design Museum 76
Reflections of Bukit Chandu
    Museum 65

Reisezeit 21
Religion 13
Resorts World Sentosa 60
Ridley, Henry 79
Rikscha 36
Robertson Quay 80
Rotlichtviertel 71
Rumah Bebe 71

Sabar Menanti 96
Sakaya Muni Buddha
    Gaya 52
SaVanh Bistro &
    Lounge 107
Schmuck 102
Schwimmen 23
Schwule und Lesben 111
Seafood 91
Seiwaen 79
Select Books 100
Selegie Arts Centre 77
Seletar Airport 16
Sentosa 59
Sentosa 4D Magix 62
Serangoon Road 49
Shangri-La Hotel
    Singapore 89
Shaw Theatres 109
Shopping **45,** 80, 98
Sicherheit 22
Singapore Airlines 89
Singapore Art Museum
    (SAM) 76
Singapore Arts Festival 18
Singapore Botanic
    Gardens 78
Singapore City Gallery 39
Singapore Dollar 19
Singapore Fashion
    Festival 18
Singapore Flyer 55
Singapore Food Festival 18
Singapore Handicraft
    Centre 102
Singapore Philatelic
    Museum 42
Singapore Repertory
    Theatre 109
Singapore River 6, **28,** 80
Singapore River Cruise 31
Singapore Science
    Centre 77

Singapore Sling 13
Singapore Tourism Board
    (STB) 20
Singapore Tyler Print
    Institute 80
Singapore Visitors Centre @
    Orchard 48
Singapore Zoo 68
Singlish 112
Skydining 95
Sleepy Sam's 87
Smith Street 38
South East Asia Hotel 87
Southern Ridges 63
Spielzeug 76
Sport 22
Sprachführer 112
Sri Mariamman Temple 36
Sri Srinivasa Perumal
    Temple 51
Sri Veeramakaliamman
    Temple 50
St. Andrew's Cathedral 74
St. John's Island 83
Stäbchen 11
Stadtführungen 25
Stadtplanung 39
Stopover-Programme 89
Straits Settlements 14
StraitsKitchen 92
Strände 23
Straßenmärkte 98
Sultan Mosque 53
Sultan von Johor 53
Sungei Buloh Wetland
    Reserve 79
Sungei Road Thieves Market
    101
Suntec City **55,** 72
Supertree Grove 57
Sustainable Singapore
    Gallery 56

Tanglin Shopping Centre 99
Tax-Free Shopping 103
Taxis 25
tcc (the coffee
    connoisseur) 91
Tea Chapter 38
Tekka Centre 50
Tekka Mall 50
Telefon 23

Register

Telok Blangah 64
Tempel 11
Temple of 1000 Lights 52
Thai-Botschaft 48
Thaipusam 18
The Arts House at The Old Parliament 110
The Battle Box 42
The Butter Factory 108
The Crazy Elephant 111
The Float @ Marina Bay 109
The Heeren 46
The Heritage Collection 102
The Inn Crowd 87
The Jewel Box 64
The Moomba 93
The Penny Black 107
The Raffles 89
The Scarlet 89
The Soup Spoon 31
The Substation 110
The Tippling Club 95
The Verge 50
Theater 109
Theemidhi (Timithi): 19
Thian Hock Keng Temple 37
Tiger Balm Gardens 75
Timbre @ The Substation 111
Times Bookstore 100
Toiletten 13

Traditionelle chinesische Medizin 103
Transport 23
Trinken 90
Trinkgeld 13
True Blue Cuisine 34

U-Bahn 23
Übernachten 86
Umweltschutz 24
Unabhängigkeit 14
Underwater World 60
Universal Studios Singapore 60
UOB Plaza (United Overseas Bank Plaza) 74
Urban Redevelopment Agency 39

Va Va Voom Café 94
Veranstaltungen 105
Verhaltenstipps 11
Vesak Day **18**, 52
Visitenkarten 12
VivoCity 62
Vögel 77, 79
Völkerkundemuseen 32
Vorwahl 23

Wallace, Alfred Russel 67
War Memorial 30

Warong Nasi Parlaman 54
Wayang 110
Weekend Flea Market 101
Weihnachten 19
Wellness 22
Wheelock Place 47
Wild Wild Wet Park 21
Wink Hostel 88
Wohnungsbau 8
Wonder Full 56

Yet Con Hainanese Chicken Rice & Restaurant 97
Yixing Xuan Teahouse 91
Yu Hwa Yuan 79
Yue Hwa Chinese Products 103

Zam Zam Restaurant 54
Zhu Jiao Centre 50
Zirca Mega Club 109
Zollbestimmungen 17
Zouk Club 109
Zweiter Weltkrieg 14, 42, 61

Das Klima im Blick — atmosfair

Reisen bereichert und verbindet Menschen und Kulturen. Wer reist, erzeugt auch CO_2. Der Flugverkehr trägt mit einem Anteil von bis zu 10 % zur globalen Erwärmung bei. Wer das Klima schützen will, sollte sich für eine schonendere Reiseform (z. B. die Bahn) entscheiden – oder die Projekte von *atmosfair* unterstützen. *Atmosfair* ist eine gemeinnützige Klimaschutzorganisation. Die Idee: Flugpassagiere spenden einen kilometerabhängigen Beitrag für die von ihnen verursachten Emissionen und finanzieren damit Projekte in Entwicklungsländern, die dort den Ausstoß von Klimagasen verringern helfen. Dazu berechnet man mit dem Emissionsrechner auf *www.atmosfair.de*, wie viel CO_2 der Flug produziert und was es kostet, eine vergleichbare Menge Klimagase einzusparen (z. B. Berlin – London – Berlin 13 €). *Atmosfair* garantiert die sorgfältige Verwendung Ihres Beitrags. Klar – auch der DuMont Reiseverlag fliegt mit *atmosfair!*

Autoren | Abbildungsnachweis | Impressum

Unterwegs mit Mischa Loose und Anne Dehne

Mischa Loose ist in Berlin geboren, kennt Südostasien aber seit seiner frühesten Kindheit. Er kommt regelmäßig zurück nach Singapur, denn der dynamische Inselstaat fasziniert ihn immer wieder aufs Neue.

Anne Dehne lebte vor ihrer Übersiedlung nach Australien vier Jahre in Singapur und ist seitdem regelmäßig in Südostasien unterwegs

Abbildungsnachweis

Bildagentur Huber, Garmisch-Partenkirchen: S. 75 (Stadler); 39 (Stefano)
Anne Dehne, Benleigh East: S. 120 re.
iStockphoto, Calgary: S. 98 (espion); 82 u. (Katsman); 41 (kokleong tan); 90, 115 (kuk); 82 o. (Lim); 72 (Short)
laif, Köln: S. 30, 51 (4SEE/Pereira/Wong); 12, 37, 55, 95, 101 (hemis.fr/Maisant); 86 (Heuer); 92 (Hirsch); 104 (Redux/ Guariglia); 84/85 (Sinopix/Jones); 57 (XINHUA)
Look, München: S. 81 (Johaentges); 111 (Fleisher)
Mischa Loose, Berlin: S. 120 li.
Renate Loose, Berlin: S. 43
Mauritius, Mittenwald: S. 26/27 (age); 19 (Axiom Photographic); 35, 47, 108 (Flüeler); 68 (imagebroker/Hasenkopf); 15, 88 (imagebroker/Tack); 28 (imagebroker/TPG); Umschlagklappe vorn (imagebroker/Zaglitsch); 4/5 (Prisma); 7, 10, 32, 45, 49, 78, 106, Umschlagrückseite (Vidler)
picture-alliance, Frankfurt: S. 63 (CHROM-ORANGE/Rose); 61 (epa/Young); 96 (Lonely Planet Images/Elk III); 9 (Morrison)
Singapore Tourism Board: S. 66, 70
Visum, Hamburg: Titelbild (Schickert)

Kartografie
DuMont Reisekartografie, Fürstenfeldbruck, © DuMont Reiseverlag, Ostfildern

Umschlagfotos
Titelbild: Uferpromenade vor der Skyline des Central Business District
Umschlagklappe vorn: Haus im denkmalgeschützten Stadtviertel Emerald Hill
Hinweis: Autoren und Verlag haben alle Informationen mit größtmöglicher Sorgfalt geprüft. Gleichwohl sind Fehler nicht vollständig auszuschließen. Alle Angaben erfolgen ohne Gewähr. Bitte, schreiben Sie uns! Über Ihre Rückmeldung zum Buch und Verbesserungsvorschläge freuen sich Autoren und Verlag:
DuMont Reiseverlag, Postfach 3151, 73751 Ostfildern,
info@dumontreise.de, www.dumontreise.de

2., aktualisierte Auflage 2013
© DuMont Reiseverlag, Ostfildern
Alle Rechte vorbehalten
Redaktion/Lektorat: Jessika Zollickhofer, Ronit Jariv
Grafisches Konzept: Groschwitz/Blachnierek, Hamburg
Printed in Germany